Gutes aus Großmutters Zeit

kosmos

Ursula Wanner · Susanne Bruns

Gutes aus Großmutters Zeit

Gärtnern, Ernten, Einmachen

Unter Mitarbeit von Kaspar Huche

Franckh-Kosmos

Gutes aus Großmutters Zeit

Ursula Wanner

Vorwort

Wir Großmütter genießen eine Art exklusives Vorrecht auf Lob, jedenfalls was die Dinge des leiblichen Wohls betrifft: „Mmmh, das war ja wieder lecker, wie bekommst Du das nur immer so köstlich hin", so hören wir es doch recht oft und freilich auch mit Genugtuung. Es scheint mir so, als schätze man unser Wissen und Können, was gewisse Bereiche des Lebens angeht, recht hoch ein. Wir leben in einer Zeit, in der alles, was zum Essen und Trinken gehört, in Hülle und Fülle und in einer für meine Generation ungeahnten Mannigfaltigkeit täglich von vielen Menschen erworben und genossen werden kann. Wer weiß, vielleicht ist es aber just dieser Umstand, daß scheinbar alles vorgefertigt zu bekommen ist, der das Bedürfnis gerade nach Nahrung aus eigener Hand, mit all dem Drum und Dran, für viele wieder erstrebenswert macht.

Wenn das ganze Trachten bei der Herstellung von Nahrungsmitteln auf dessen Güte und Wohlgeschmack ausgerichtet ist, spüren und schmecken wir das. Auf den folgenden Seiten sind etliche meiner Erfahrungen zusammengetragen, die ich als Gärtnerin, als Köchin und Verwalterin einer Vorratswirtschaft sammeln durfte. Gerne gebe ich davon an Sie weiter, wünsche Ihnen Freude schon beim Lesen und Anschauen und Erfolg bei Ihrem Schaffensdrang, beim Ausprobieren und schließlich beim Genuß der Früchte Ihrer Arbeit.

Gemüse aus u

Bevor ich Tomaten zum Essen herrichte, schneide ich die grünen Teile beim Stengelansatz aus.

Das leibliche Wohl täglich sicherzustellen, gestaltete sich nicht immer einfach für mich, überhaupt für meine Generation. So waren wir früher viel enger als heutzutage mit derjenigen Gartenwelt verbunden, die uns mit Nahrung versorgt. Obst und Gemüse, durch der eigenen Hände Arbeit zu erhalten, ist deswegen für mich etwas ganz Selbstverständliches und zugleich auch etwas besonders Wertvolles. Das, was manche heute eher als schicke Ergänzung zum schön gestalteten Garten ansehen, entspricht aus meinem Erleben immer noch dem Herz des Gartens: der Obst- und Gemüseanbau.

nserem Garten

Bevor die Arbeit beginnt

Der eigene Gemüsegarten: erntefrische Salate, zarte Möhren, knackiger Kohl – dafür lohnt sich wahrhaft einige Mühe. Selbst im üppig gefüllten Gemüseregal im Kaufhaus suchen wir doch oftmals vergeblich nach so feinen Dingen wie lila Bohnen, gelben Tomaten, frischen Lauchzwiebeln, Zuckererbsen und anderen gesunden Gaumenfreuden.

Bevor Sie anfangen, Ihren Gemüsegarten einzurichten, sollten Sie das betreffende Stück Land erst gründlich kennenlernen. Denn jedes Fleckchen Erde hat so seine Eigenheiten. Und wenn Sie diese kennen, werden Sie vor unnötigen Enttäuschungen bewahrt.

Ganz oben: Kartoffeln sind heutzutage in den Gärten nicht oft zu finden. Dabei lohnen sich vor allen Dingen Frühkartoffeln. Sie machen wenig Arbeit und hinterlassen einen lockeren, unkrautfreien Boden.

Oben: Gesundes Gemüse und Obst lassen sich im eigenen Garten problemlos ernten.

Wir wählen den Standort

Meinen Garten habe ich mir immer als eine kleine Welt vorgestellt, mit all den Spielregeln, die auch für die große gelten. An welchen Platz etwas in diese Welt gestellt wird, damit es sich seinem Wesen gemäß entfalten kann, findet große Beachtung bei mir. Für den Gemüseanbau ist ein Südhang geradezu ideal; hier wachsen auch noch die anspruchsvollsten Gemüse wie Melonen und Paprika. Wenn Sie mit einem Nordhang vorliebnehmen müssen, sieht es damit leider ungünstig aus. Vielleicht können Sie jedoch Terrassen anlegen und wenigstens einige Beete auf diese Weise der Sonne zukehren. Was drohende Fröste betrifft, bedenken Sie bitte, daß kalte Luft nach unten sinkt. Deshalb sind Gärten im Tal frostgefährdeter, sie benötigen einen Kälteschutz gegen den Hang. Hecken oder Mauern sind dafür hilfreich.

Für kleine Gärten dürfen die Mauern allerdings nicht zu hoch sein, denn sonst steht die Luft im Garten, was den verschiedenen unliebsamen Gemüsefliegen ausgesprochen gut gefällt. Hecken erweisen sich hier als die bessere Lösung. Sie bremsen die Kraft des Windes und verteilen sie. Schon unsere kleinen Buchsbaumhecken, die um jedes Beet gepflanzt wurden, sorgen für angenehme Bedingungen auf den Beeten.

Kleine Bodenkunde

Viele Erfahrungsjahre mit dem Gärtnern sagen mir, daß die Beschaffenheit des Bodens für den Erfolg beim Anbau fast noch wichtiger ist als das Klima. Reiben Sie einmal eine kleine Menge von Ihrer Gartenerde zwischen den Fingern. Fühlt sie sich grobkörnig an, dann ist wahrscheinlich der Sandanteil hoch. Sandboden erwärmt sich im Frühjahr schnell, er ist locker, und die Wurzeln können tief eindringen. Langanhaltende Regenfälle schaden den Pflanzen in leichten Sandböden nicht so sehr, weil das Wasser rasch abfließt. Allerdings erfordern trockene Zeiten öfter Gießarbeit. Ein weiterer Nachteil von sandigen Böden ist, daß sie Nährstoffe nicht gut halten können.

Je feinkörniger der Boden andererseits ist, desto höher ist der Tonanteil. Im äußersten Fall läßt sich der Boden nicht mehr zerreiben. Er klebt zu Rollen zusammen; diese schweren Böden sind problematisch. Sie enthalten wenig Luft, die Pflanzenwurzeln haben es schwer durchzukommen. Im Frühling bleiben diese Böden lange kalt; ihre Oberfläche ist stets hart, so daß Aussaaten und Jungpflanzen nur langsam wachsen.

Die besten Böden bestehen aus Mischungen von Sand und Lehm. Hier reichen die üblichen Arbeiten wie tiefes Lockern im Frühling und jährliche Kompostgaben, um nach einigen Jahren humose fruchtbare Gartenerde zu haben.

Zur Verbesserung aller Bodenverhältnisse hat sich die Zugabe von Kompost bestens bewährt. Er erhöht den Humusgehalt des Bodens nachhaltig und sorgt somit in leichten Böden für gesteigerte Fruchtbarkeit. Schweren Böden gibt er mehr Lockerheit. Wenn Sie mit sandigem Boden arbeiten müssen, empfiehlt sich die Beimischung von Tonmehl. Dieses Material macht ihn bindiger: umgekehrt lockert Sand schwere Böden.

Heute ist es im Garten üblich zu mulchen, den Boden also immer mit pflanzlichem, allerdings nicht blühendem Material zu bedecken. Dadurch bleibt die Oberfläche locker und feucht. Das Mulchen hat zugleich einen wertvollen Düngeeffekt, denn die Bodenbakterien wandeln die Mulchschicht in die benötigten Pflanzennährstoffe um.

Mein Garten – ein Stück Lebensweg

Dieser alte Schuppen für Gartengeräte ist etwas in die Jahre gekommen. Doch er erfüllt seinen Zweck.

Geräte halten lange bei guter Pflege und trockener Unterbringung.

Geräte im Garten

Gutes Gerät ist wahrlich sein Geld wert. Besonders bei jenen Gerätschaften, die Sie häufig zur Hand nehmen, lohnt es sich, etwas mehr auszugeben. Und da stehen die Geräte zur Bodenbearbeitung an erster Stelle.

Spaten: Ganz gleich für welches Modell Sie sich entscheiden, wichtig ist eine solide Verbindung zwischen Blatt und Stiel, nichts darf da wackeln. Der Spaten ist außer zum Umgraben noch für vielerlei andere Zwecke geeignet. Sie können mit ihm Staudenschnitt oder Reisig für den Kompost zerkleinern. Er läßt sich als Schaufel verwenden, zur Not hilft er Ihnen als Ersatz für eine Hacke. Zum Ernten von Wurzelgemüse können Sie ihn ebenfalls gebrauchen.

Grabegabel: Wem ein schwerer Boden beschert ist, dem steht die Grabegabel zur Lockerung im Frühjahr als Gerät der Wahl zur Verfügung; für leichte Böden reicht ein Grubber (siehe rechts). Besser als der Spaten ist die Grabegabel für den Ernteeinsatz geeignet, mit ihr verletzen Sie das Gemüse nicht so leicht.

Hacke: Dieses simple Instrument spielt ganz vorne im Orchester der Gerätschaften. Gerade für die Pflanzenpflege ist auch die Hacke oftmals im Einsatz. Mit ihr lockern Sie die Erdoberfläche vor dem Mulchen oder nach heftigem Schlagregen und beseitigen das Unkraut. Regelmäßiges Hacken erspart Ihnen übrigens Aufwand bei einer anderen Tätigkeit: dem Gießen. Stets gut durchgehackt, vermag der Boden Feuchtigkeit besser zu halten. Übrigens: Hacken hilft auch bei Erdraupen und oftmals bei Blattläusen. Kombigeräte mit einem Stiel und verschiedenen Vorsätzen werden den unterschiedlichen Erfordernissen gerecht. Sie finden Modelle, bei denen man die Hacken mal an einem langen und mal an einem kurzen Stiel anbringen kann. Das spart Platz im Geräteschuppen, und wir können uns eine Hacke je nach Art der Arbeiten passend zusammenstecken.

Harke: Die Harke, auch Rechen genannt, wird seltener gebraucht als die Hacke. Wir benötigen sie zum Vorbereiten der Beete im Frühjahr, um die Erde für die Aussaat schön feinkrümelig zu machen.

Grubber: Das, was wir früher zweimal jährlich mit dem Spaten getan haben, nämlich zur Bodenlockerung umgegraben, erledigt heute der Grubber, Krail oder der im biologischen Gartenbau beliebte einzinkige Sauzahn. Das schont die Bodenbakterien, die Erdschichten geraten nicht durcheinander, alles bleibt gewissermaßen an seinem angestammten Platz. Je schwerer der Boden, desto tiefgründiger sollten Sie ihn lockern. Am weitesten kommen Sie dabei mit der Grabegabel (siehe links). Der Sauzahn reicht immerhin noch bis gut 15 cm, der Grubber etwa 10 cm tief.

Pflanzholz: Das möchte ich Ihnen sehr empfehlen, mit ihm lassen sich Pflanzlöcher wesentlich müheloser „bohren" als mit der Hacke.

Gartenschnur: Mit der Schnur, die wir leicht mit zwei Hölzern und dünnem Seil in Beetlänge selbst herstellen können, sorgen Sie für gerade Reihen. Das klingt womöglich nach übertriebenem Ordnungssinn, aber glauben Sie mir: das spart wirklich Platz und verschafft Ihnen Überblick. Stellen Sie sich nur mal den im März gesäten Spinat in spitz zueinander laufenden Reihen vor. Unsere dazwischengesäten Möhren könnten sich dann beim besten Willen nicht richtig auswachsen.

Gießkanne: Sie muß möglichst bequem und vollständig in Ihren Wasserbottich hineinpassen. Auch sollte es Ihnen nicht unnötig schwerfallen, sie über die Kante des Wasserbehälters heben zu können.

Unten: Früher kochten wir nach Wochenplan: Freitags wurde das Essen für jeden Tag der kommenden Woche festgelegt.

Ganz unten: Porree oder Lauch kann auch im Winter geerntet werden, solange der Boden nicht zu tief gefroren ist.

Der Kompost

Der Gedanke an den Umweltschutz und des umsichtigen Ge- und Verbrauchs unserer Güter gebietet geradezu eine Kompostwirtschaft, selbst für den kleinsten Garten. Es ist auch überhaupt nicht schwer, das meiste macht die Natur ohnehin alleine. Sie müssen, kurz gesagt, nur dafür sorgen, daß nichts Verkehrtes untergemischt wird und daß der Komposthaufen weder zu trocken noch zu feucht ist.

Was auf den Kompost gehört

Ein Leitgedanke führt uns zur Kompostwirtschaft: Alle organischen Abfälle sind wertvoll und verwendbar. Nur weniges bereitet Schwierigkeiten und bedarf besonderer Behandlung: Strauchschnitt, Staudenreste und Kohlstrünke habe ich immer zerkleinert. Rasenschnitt, der leicht schimmelt, sollten Sie dünn auf der Sammelstelle verteilen. Oder noch besser zum Mulchen der Beete verwenden. Laub braucht lange zum Verrotten, kann aber in kleinen Mengen mit zum Kompost gegeben werden. Besser ist es aber unter unseren Büschen aufgehoben, wo es über Winter in Ruhe verrotten kann. Krankes Pflanzenmaterial sollten

Das Kompostieren war in meiner Jugend selbstverständlich, und ich bin froh, daß der Kompost auch heute wieder in vielen Gärten zu finden ist. Auf meinen Kompost kommen fast alle organischen Abfälle aus Küche und Garten. Verschimmeltes Brot, Fleischreste oder Gekochtes jedoch nicht.

Sie extra sammeln und beim Aufschichten in die Mitte des Haufens packen, wo die größte Hitze entsteht. Die meisten Krankheitserreger gehen in diesem „reinigenden Feuer" zugrunde.

Aus der Küche sind sämtliche rohen Abfälle, auch Knochen (zerkleinert), Kaffeesatz und Teeblätter geeignet. Eierschalen verrotten nur sehr langsam. Sie sollten zerkleinert werden, und selbst dann finden sie sich noch gut erkennbar im fertigen Kompost. Ich schätze ihr Material aber als langfristig wirkenden Dünger, sie zersetzen sich auf den Beeten weiter.

Gekochte Speisereste gehören allerdings nicht auf den Kompost, sie locken Ratten an. Schalen von Südfrüchten sind leider in der Regel mit giftigen Wachsen konserviert. Diese Gifte töten auch die im Kompost tätigen Bakterien und Pilze ab, deshalb dürfen wir unserem Kompost lediglich kleine Mengen von diesen Abfällen zumuten. Problematisch sind auch die „Einwegblumen", die man billig in Supermärkten und Blumenläden kaufen kann und die sich nach der Blüte kaum wieder erholen. Sowohl deren Erde als auch die Pflanzen sind mit unzähligen Substanzen behandelt, die sie regelrecht unverrottbar machen.

Ganz oben: Kompost nach kurzer Rottezeit. Er eignet sich zum Mulchen von Kohl und Tomaten.

Oben: reifer Kompost; er kann gesiebt zu allen Zwecken im Garten verwendet werden.

Schicht auf Schicht

Nachdem Sie fleißig Material gesammelt haben, in Silos oder auch schlicht an passender, schattiger Stelle aufgehäuft, geht es ans Aufschichten. Dabei können Sie gleichzeitig den eigentlich eher nährstoffarmen Kompost mit Hornspänen, Knochenmehl, Kalk oder Steinmehl aufbessern. Im ersten Arbeitsgang müssen Sie das gesammelte Material ordentlich durchmischen. Anschließend schichten Sie von der gewonnenen Mischung zunächst etwa 20 Zentimeter auf. Diese Schicht wird festgetreten und nach Bedarf angefeuchtet. Darauf kommen nun einige Schaufeln reifer Kompost und die verschiedenen Zusatzstoffe (siehe oben), jeweils einige Handvoll reichen aus. Auf diese Weise verfahren Sie, bis der Haufen etwa einen Meter hoch ist. Nun wird er mit Erde, Stroh, Sackleinen oder ähnlichem abgedeckt und kann anschließend in Ruhe reifen. Wichtig ist ab jetzt wirklich, daß Sie den fertigen Kompost am Leben erhalten, seine Feuchtigkeit im Auge behalten. Hie und da ist ein Kontrollgang notwendig, der Ihnen zeigt, ob Ihr Kompost eine kleine Auffrischung mit Regenwasser oder auch verdünnter Jauche gebrauchen könnte.

Für die Vorkultur wird eine Kiste bis knapp unter den Rand mit gesiebter Kompost-Sand-Mischung gefüllt und festgedrückt. Nun die Samen darauf gleichmäßig verteilen (unten), dünn mit Erde übersieben, andrücken (Mitte unten) und anfeuchten (ganz unten).

Vom Umgang mit dem Gemüse

Gemüse will pfleglich behandelt sein. Denken wir bei aller Mühe daran: was wir den Pflanzen an Zuwendung angedeihen lassen, kommt am Ende uns zugute. Eine Bewirtschaftung bedarf einiger Routine, um alle anfallenden regelmäßigen Arbeiten im Griff zu haben. Wer seine ersten Schritte mit dem Gemüseanbau wagt, dem möchte ich nahelegen, sich zunächst mit etwa 100 Quadratmetern zu begnügen und erst nach und nach aufzustocken. Es wäre schade, wenn einem die Freude verläßt, nur weil man sich überhastet eine Anbaufläche zumutet, über die dann rasch die Kontrolle verlorengeht. Wir dürfen nicht vergessen, daß ein Garten, ein Beet, jedes kleine Fleckchen immer nur für einen kurzen Augenblick seine vom Menschen aufgezwungene Form behält. Alles lebt und verändert sich täglich – und nicht von alleine nach unserem Willen und Geschmack.

Ein Plan für die Beete

Für praktisch halte ich es, den Gemüsegarten in Beete mit 1,20 Meter Breite einzuteilen. So erreiche ich mit den Geräten von den Wegen aus noch gut die Mitte der Beete. Jedes Beet bekommt eine Hauptkultur zugeteilt, ein Gemüse, das sich nach und nach auf dem Beet ausbreiten darf. Am Rand oder dazwischen bringe ich Arten unter, die frühzeitig geerntet werden oder bescheidene Platzansprüche stellen. Bei der Zusammenstellung der Pflanzen für jedes Beet richte ich mich nach den Regeln der Mischkultur und der Fruchtfolge.

Die Vorkultur

Wer möglichst frühzeitig im Jahr sein eigenes Gemüse auf den Tisch bringen möchte, kann viele Arten im Haus oder Frühbeet vorziehen. Im April oder Mai dürfen sie dann schon als kleine Pflanzen in die Beete gesetzt werden. Wesentlich bei der Vorkultur ist, daß wir den heranwachsenden Pflänzchen ausreichend Licht spendieren, sonst werden sie langstielig und gedeihen im Beet nicht richtig. Die Erde in den Kästen und Töpfen soll nährstoffarm sein, denn „überfütterte" Pflanzen sind eher anfällig für Krankheiten. Bevor Sie Ihre Pflanzenkinder ins Freie entlassen, müssen diese behutsam an die neuen Bedingungen gewöhnt werden. Eine Woche vor dem Pflanztermin begleiten Sie die Kleinen durch eine Abhärtungskur, indem Sie sie jeden Tag einige Stunden länger der Frischluft, beschattet und windgeschützt, aussetzen, bis sie am Ende auch über Nacht im Freien bleiben bzw. das Frühbeetfenster offenbleibt. Über Besonderheiten einzelner Pflanzen gebe ich Ihnen später bei den Pflanzenporträts Auskunft (siehe S. 24 ff.).

Zur Kräftigung der Sämlinge gebe ich ihnen durch Vereinzeln in größere Töpfe mehr Platz und Wurzelraum. Vereinzelt wird – man nennt das auch Pikieren –, wenn das erste richtige Blattpaar nach den ersten beiden Keimblättern gewachsen ist, also wenn vier Blätter sichtbar sind.

Die ersten beiden Blätter, die sogenannten Keimblätter

Die Aussaat

Bei der Aussaat müssen Sie darauf achtgeben, daß die Samenkörner engen Bodenkontakt erhalten. Je feinkrümeliger der Boden ist, desto günstiger sind die Bedingungen für das heranwachsende Grün. Ist der Boden derart schwer, daß auch nach gründlichem Hacken und Harken noch Klumpen liegen, sollten wir die Saatrillen großzügig ziehen und mit feingesiebtem Kompost oder Erde-Sand-Gemisch füllen. Auch so erhalten die ersten feinen Wurzeln ausreichend Halt. Für die Saattiefe gibt es eine einfache Faustregel: so tief einbringen, wie der doppelte Samendurchmesser jeweils ist. Finden Sie den Boden zur Aussaat feucht vor, brauchen Sie nach dem Einbringen der Saat nicht zu gießen. Bis zur Entwicklung der ersten Blätter müssen die Beete mit den Keimlingen immer hinreichend feucht gehalten werden.

Die Pflanzung

Die Pflanzlöcher müssen Ihren Pflanzen so viel Platz bieten, daß deren Wurzeln ungeknickt, senkrecht darin unterkommen. Um den auch hierbei wichtigen sofortigen Bodenkontakt zu gewährleisten, sollten Sie den Setzling mit der einen Hand festhalten und mit der anderen die Erde fest auffüllen. Die passende Gießkanne – sie darf nicht zu groß und schwer sein – leistet dabei gute Dienste. Mit ihr können Sie die Erde gewissermaßen in die Löcher reinspülen. Mit dieser Einschlämm-Methode bringen Sie die Wurzeln gleich dicht mit der Erde zusammen.

Rechts: Über diesen Anblick im Garten freue ich mich immer wieder aufs neue, weil ich sehe, wie gesund die Pflanzen in Mischkultur wachsen.

Unten: Früher war es Erfahrung, daß einige Pflanzen sich gegenseitig fördern, andere sich hingegen behindern – heute gibt es Universitäten, die erforschen, warum das so ist. Hier sehen wir Weißkohl, Salat und Erdbeeren nebeneinander.

Vorzüge der Mischkultur

Mit der Methode der Mischkultur hat der Mensch eine Anbauweise entwickelt, die dem in mancher Hinsicht ausgleichenden Wesen der freien Natur nähersteht, als das für die Monokultur der Fall ist. Es hat sich gezeigt, daß insbesondere die Krankheitsanfälligkeit beim Anbau in Monokulturen immense Probleme mit sich bringt. Mischkultur bedeutet erst einmal, daß pro Beet nicht nur ein Gemüse angepflanzt wird, sondern mehrere gut zueinander passende. Viele Pflanzen beeinflussen sich gegenseitig im Wachstum günstig, aber auch durchaus auf unerfreuliche Weise. Dieses wertvolle Gedankengut, gewonnen aus den Erfahrungsschätzen vieler Jahre und den modernen Erkenntnissen der Biologie und Chemie, ist in die Mischkultur-Methode eingeflossen.

Das Zusammenspiel der Pflanzen geschieht unterirdisch durch Wurzelausscheidungen oder oberirdisch durch Duftstoffe. Die für uns Gärtner sehr erwünschten Wirkungen zeigen sich im Fernhalten von Schädlingen oder Krankheiten. Unsere Pflanzen danken die ihnen entgegenkommende Anbauweise außerdem mit einer Verbesserung des Aromas. Und wenn es nur eine allgemeine Wachstumsanregung ist, die wir verzeichnen können, die Mischkultur hat sich als die natürlichere, gesündere Bewirtschaftung erwiesen.

Mischkultur von Möhren, Bohnen und Rettichen. Sind die Bohnen geerntet, können sich beide Nachbarn noch ausbreiten.

Die Verträglichkeit in einer Mischkultur ist nicht immer umkehrbar. Manchmal profitiert der eine Partner auf Kosten des anderen. Beim Lesen der Tabelle sollten Sie daher darauf achten, daß die Bewertung der Kombination immer aus Sicht der Gemüsearten in der senkrechten Spalte gilt.

Auswahl geeigneter Mischkulturpartner

Gemüseart	Buschbohne	Erbse	Feldsalat	Gurke	Kartoffel	Kohlarten	Kohlrabi	Kopfsalat	Möhre	Paprika	Porree	Radieschen	Rettich	Rote Bete	Schwarzwurzeln	Spinat	Stangenbohne	Tomate	Zwiebel
Buschbohne		X		▒	▒	▒	▒	▒	X		X	▒	▒	▒		▒		▒	X
Erbse	X			▒	X	▒	▒	▒	▒		X	▒	▒	▒		▒	X	X	X
Feldsalat						▒	▒				▒	▒				▒	▒		▒
Gurke	▒	▒			X	▒	▒	▒				X	X	▒		▒	▒	X	▒
Kartoffel	▒	X		X		X	▒							X		▒		X	
Kohlarten	▒	▒	▒	▒	X			▒	▒			▒	▒	▒		▒	▒	▒	X
Kohlrabi	▒	▒	▒	▒	▒			▒		▒	▒	▒	▒	▒	▒	▒	▒	▒	▒
Kopfsalat	▒	▒		▒		▒	▒				▒	▒	X				▒	▒	▒
Möhre		▒				▒	▒	▒			▒	▒	▒		▒	▒		▒	▒
Paprika	X			▒			▒										X	▒	
Porree	X	X	▒	▒				▒	▒			▒	▒	X	▒	▒	X	▒	▒
Radieschen	▒	▒		X			▒	▒	▒		▒					▒	▒	▒	X
Rettich	▒	▒		X			▒	▒	▒		▒					▒	▒	▒	X
Rote Bete	▒	▒	▒	▒	X	▒	▒	▒	X		X	▒	▒			X	X	X	▒
Schwarzwurzeln							▒	▒	▒		▒								▒
Spinat	▒			▒	▒	▒	▒		▒		▒	▒	▒	X			▒	▒	X
Stangenbohne		X	▒	▒	▒	▒	▒	▒			X	▒	▒			▒		▒	X
Tomate	▒	X		▒	X	▒	▒	▒	X	▒	▒	▒	▒	X		▒			▒
Zwiebel	▒	X	▒	▒	X	X	▒	▒	X			X	X	X	▒	X		▒	

▒ günstige Kombination

X ungünstige Kombination

□ neutrale Kombination oder keine Erfahrung vorliegend

Gehen wir nicht sorgfältig genug vor und wählen unpassende Zusammenstellungen, zeigen unsere Pflanzen gegenteilige Reaktionen, also beispielsweise Wachstumsstörungen.

Viele Kräuter etwa üben einen höchst willkommenen Einfluß auf unser Gemüse aus. So verbessert Petersilie den Geschmack von Kartoffeln, Bohnenkraut hält Bohnenläuse fern, und Knoblauch beugt einem Grauschimmelbefall vor. Die nebenstehende Tabelle gibt Ihnen darüber Auskunft. Sie werden feststellen, daß leider nicht immer die gut zueinander passenden Gemüse auf einem Beet untergebracht werden können. Manchmal werden Sie nicht umhin kommen, die Mischung nach noch anderen Gesichtspunkten wie Kulturdauer, Platzbedarf oder Kulturansprüchen auszuwählen. Ich denke, als oberstes Ziel sollten Sie anstreben, daß keine sich nicht vertragenden Arten zur unmittelbaren Nachbarschaft gezwungen werden.

Ganz oben: Spinat gehört zu den Schwachzehrern. Mitte oben: Tomaten sind Mittelzehrer. Oben: Der Starkzehrer Kartoffel braucht viele Nährstoffe.

Vorzüge des Fruchtwechsels

Drei wichtige Gründe, die für den Fruchtwechsel – also den jährlichen Wechsel der Hauptkultur zu einem anderen Beet – sprechen, möchte ich Ihnen kurz nennen. 1. Jede Pflanze nimmt die im Boden befindlichen Nährstoffe auf ihre spezielle Art in Anspruch. 2. Jede Pflanze hinterläßt im Boden bestimmte Stoffe. 3. Die Organismen im Boden, darunter natürlich auch Krankheitserreger, reagieren auf die Pflanzen. An einigen Beispielen will ich die für den Gedanken der Fruchtfolge wichtigen Folgen von Anbaumaßnahmen näher erläutern:

Leguminosen, dazu gehören Erbsen und Bohnen, reichern im Boden Stickstoff an. Sie gewinnen ihn aus der Luft und lagern ihn in Wurzelknöllchen ein. Davon brauchen sie einen Anteil für sich selbst, ein Teil bleibt im Boden und kann nachfolgenden Kulturen mit hohem Stickstoffbedarf dienen. Wenn Sie dies berücksichtigen, können Sie Dünger sparen. Hatten Sie vorher aber auf dem Beet Pflanzen mit großem Stickstoffbedarf angebaut und diese ordentlich mit Jauche versorgt, enthält der Boden wahrscheinlich noch so viel Stickstoff, daß Leguminosen dort ihre Wurzelknöllchen gar nicht erst ausbilden würden.

Kohlpflanzen wachsen in vielerlei Varianten auf allen Gemüsebeeten. Und sie leiden allesamt unter den gleichen Krankheiten und Schädlingen. Hier sollten Sie einen Fruchtwechsel unbedingt einhalten, um es zum Beispiel dem Kohlgallenrüßler, dessen Käfer und Larven im Boden überwintern, nicht allzu leichtzumachen. Auch die Erreger der Kohlhernie werden durch den Anbau von Kohlpflanzen herausgelockt, meist befallen sie jedoch erst die nachfolgenden Kohlpflanzen.

Für die Vase oder den Verzehr: irgend etwas finde ich immer in meinem Garten.

Reiche Ernte

Jeder Pflanze ist eine gewisse Zeitspanne naturgemäß zugeordnet, in der wir von ihr ernten können. Der rechte Zeitpunkt hängt auch vom Wetter ab. Und der Verwendungszweck, den wir Menschen nach unseren Bedürfnissen festlegen, bestimmt ebenfalls den Erntezeitpunkt.

Frühkartoffeln sind schon ein Genuß für sich, der seinen Höhepunkt dadurch erhält, daß wir sie uns immer nur portionsweise frisch aus dem Garten in die Küche holen. Im Gegensatz zu Frühkartoffeln können wir späten Sorten ihre Reife ansehen. Fangen deren Blätter zu welken an, ist die Zeit zum Ernten und Einlagern gekommen.

Lagergemüse sollte solange wie möglich auf den Beeten bleiben, nur eben vor dem ersten Frost reinkommen. Nach heftigen Regenfällen sind die Pflanzen besonders saftig, das ist fürs Lagern ungünstig, für den Frischverzehr wiederum ein köstlicher Gewinn. Gemüse zum sofortigen Verzehr müssen Sie nicht unbedingt vollkommen ausreifen lassen. Ja, oft verwöhnen uns doch die gerademal halbfertigen Möhrchen, Kohlköpfe oder Kohlrabiknollen mit ihrem besonders zarten und saftigen Geschmack.

Vornehmlich zur Sommerzeit ist bei manchen Pflanzen der zeitliche Rahmen zum Ernten eng gesteckt: Radieschen werden schnell hohl und pelzig, Salat schießt, kaum daß er die Köpfe geschlossen hat, die Kerngehäuse der Gurken werden riesig. Wir müssen also manchmal recht rasch ans Werk gehen, damit wir das Geerntete in

Gemüse, das ich sofort für den Tisch zurechtmache, ernte ich grundsätzlich vormittags bis mittags. Lagergemüse hingegen kommt nachmittags aus dem Boden – und unbedingt bei trockenem Wetter.

Schade, daß Grünkohl heute in Vergessenheit geraten ist. Er ist ein hervorragendes und schmackhaftes Wintergemüse.

seiner appetitlichsten Form auftischen können. Inzwischen wurde herausgefunden, daß selbst die Tageszeit eine Rolle spielt, zumindest was den Nitratgehalt von Gemüse angeht. Der ist vormittags am höchsten. Ein hoher Nitratgehalt ist der Gesundheit bekanntlich abträglich, für Kleinkinder sogar gefährlich. Das bedeutet für die Küche: Blatt- und Wurzelgemüse besser erst ab Mittag ernten. Bei Früchten wie Tomaten oder Gurken müssen wir uns wiederum nicht wegen zu frühen Erntens ängstigen. Bald geerntetes Fruchtgemüse hat besseres Aroma. Gurken haben wir stets früh am Tag geerntet, so gab es kaum bittere Früchte. Zum allgemeinen Grundsatz habe ich mir gemacht, bei Ernten behutsam vorzugehen. Nichts darf gedrückt oder beschädigt werden. Das gilt hauptsächlich für Lagergemüse, aber auch für Empfindliches wie Salat oder Fruchtgemüse, an dem wir die Folgen von Grobheiten übrigens schon wenige Stunden später sehen können.

Frisches Blatt- und Blattstielgemüse

Bleichsellerie: Unter dem Namen Stangensellerie ist er ebenfalls bekannt. Bei dieser Sellerieart kommen die Blattstiele zum Verzehr. Im September habe ich Papier um die Pflanze gewickelt oder mit Erde angehäufelt. Sie können es heutzutage bequemer haben und besorgen sich eine selbstbleichende Sorte. Der Bleichsellerie hält sich nach der Ernte noch einige Zeit im Keller.

Cardy: Die Anzucht bei warmen Temperaturen ist notwendig, und bedauerlicherweise wird Cardy im Anzuchtkasten gerne von einigem Ungeziefer befallen. Aber wenn er erst ins Freie gelangt ist, hat er dies meist überstanden. Reiche Gaben Kompost sind nötig, um diese Pflanze bestmöglich gedeihen zu lassen. Auf die Ernte können Sie sich ab Oktober einstellen. Wer seinen Gaumen besonders verwöhnen möchte, kann noch die Blattstiele zum Bleichen umwickeln, die Stiele sind dann zarter. Für die Lagerung dürfen Erdballen an dem geernteten Gemüse bleiben. Wußten Sie eigentlich, daß dieses Gemüse nicht nur Gaumenfreuden, sondern auch Reizendes für unsere Augen zu bieten hat? Nein? Dann lassen Sie sich überraschen, ein paar Pflanzen bleiben draußen stehen, die Blüte im nächsten Jahr ist sehenswert.

Feldsalat, meine winterliche Delikatesse. Im Frühbeet oder ungeheizten Gewächshaus kann ich den ganzen Winter über bis ins Frühjahr ernten.

Chicorée: Wie ich es bereits vom Cardy sagte, gilt für dieses Blattgemüse ebenfalls, daß es nicht nur eine schmackhafte Seite aufzuweisen hat, sondern auch eine der Beschaulichkeit. Chicorée wird im Frühjahr ausgesät. Im Herbst werden die Wurzeln ausgegraben und bleiben dann solange ohne Laub im Kühlen liegen, bis sie zum Treiben in die dafür bestimmten Gefäße kommen. Erst diese Triebe stehen uns als Gemüse oder Salat zur Verfügung. Wie Sie die Chicorée-Treiberei in Gang bringen, lesen Sie bitte auf Seite 143 nach. Wenn Sie sich an der beeindruckenden Blüte erfreuen möchten, lassen Sie einige Wurzeln im Beet stehen.

Gartenmelde: Es gibt sie rot- sowie grünblättrig. Die Melde bleibt meist gesund, Sie müssen ihr nur genügend Feuchtigkeit geben. Die Erntezeit bricht an, wenn die Pflanze etwa 15 Zentimeter hoch ist. Die Zubereitung unterscheidet sich nicht von der des Spinats. Eigenes Saatgut läßt sich von der Melde leicht

Ganz links: Heute wird Mangold glücklicherweise wieder häufiger angebaut, denn es gibt so viele leckere Mangoldrezepte.

Links: Früher kannten wir nur einige wenige Salatsorten. Heute gibt es Salat in zahlreichen Formen und Farben.

gewinnen. Das unkomplizierte Wesen der Melde sollte Sie allerdings nicht davon ablenken, daß sie sich schnell über den ganzen Garten verteilen kann und Ihnen dann womöglich zur Last fällt.

Mangold: Hier haben Sie die Wahl zwischen Blatt- und Stielmangold in Rot oder Grün. Die Stiele werden wie Spargel zubereitet, die Blätter wie Spinat. Wegen ihrer Größe können die Blätter zum Wickeln wie Kohlblätter für Rouladen Verwendung finden. Die Wuchsfreude des Mangolds ermöglicht es Ihnen, von einer Pflanze mehrmals zu ernten, sofern Sie immer nur die äußeren Blätter abschneiden. Mangold gehört zu den Gemüsen, die auch noch im Halbschatten ganz trefflich gedeihen und selten krank werden.

Salat: Die Züchter sind wahrlich ein fleißiges Volk. Sie haben uns eine geradezu unüberschaubare Sortenvielfalt beschert. Schmale gezackte Blätter, krause rote, runde weiche und so fort – was das Herz begehrt. Selbst den Römischen Salat brauchen wir heutzutage nicht mehr zum Bleichen zusammenzubinden, die Pflanze nimmt uns die Arbeit ab und schließt sich von selbst. Als ganz erfreulich empfinde ich zugleich manch wohlmeinende Besinnung auf früher sehr wohl geschätzte Leckerbissen aus der Natur. Dazu gehört der gemeine Löwenzahn, von dem es heißt, er sei wieder häufiger als erster Frühjahrssalat in vielen Gärten zu finden. Sofern Sie Kopfsalat im Haus vorkultivieren, lassen Sie ihn kühl stehen. Temperaturen um 15 °C sind angemessen. Feldsalat kann auf alle abgeernteten Beete gesät werden. Er bleibt den Winter über draußen und darf laufend geschnitten werden, im Frühjahr wächst er munter weiter. Mit der Endivie besitzen wir sogar einen lagerfähigen Salat. Im Oktober geerntet, ist er noch zwei bis drei Monate für die Lagerung geeignet.

Spinat: Das vor allem jenseits der Kindheitstage beliebte Gemüse ist anspruchslos, benötigt aber einige zusätzliche Stickstoffgaben in Form von Jauche.

Ganz oben: Wem Löwenzahn zu herb schmeckt, kann ihn bleichen: einfach beim Austrieb einen Blumentopf über jede Pflanze stülpen.

Oben: Die zauberhaften Cardy-Blüten.

Geliebtes Kohlgemüse

Großes Bild: Bei günstigen Lagerbedingungen läßt sich Weißkohl bis zum Frühjahr lagern.

Blumenkohl: Er ist der anspruchsvollste unter den Kohlgemüsen. Lockerer Boden, ausreichend Wärme, Nährstoffe und Feuchtigkeit sind für eine feste Kopfbildung notwendig.

Chinakohl: Für ihn gilt, daß er nicht eher als Ende Juli ausgesät werden darf, sonst schoßt er schnell. Verpflanzen verträgt er nicht. Mit dem Wachsen beeilt er sich; bereits im Oktober streckt er Ihnen die ersten erntereifen Köpfe entgegen. Wenn die Kälte heranrückt, können Sie sich darauf einstellen, daß ihm Temperaturen bis –5 °C nichts ernstlich anhaben können.

Kleines Bild: Das Wintergemüse Grünkohl verwende ich besonders gerne in der Küche. Im Norden hat jede Gegend ihr eigenes Rezept: mal mit Kassler und Bauchspeck, mal mit Bregenwurst oder – ganz berühmt – Grünkohl mit Pinkel.

Rechts: Der Spitzkohl gehört zum Weißkohl.

Ganz rechts: In den letzten Wochen vor der Ernte knicke ich zwei oder drei Blumenkohl-Blätter um, damit die Knospe weiß bleibt.

Unten: Beim Kohlrabi ist vor allem gleichmäßige Feuchtigkeit wichtig.

Grünkohl- und Rosenkohl: Beide Kohlarten gelangen erst im Juni/Juli aufs Beet. Wählen Sie hier Bohnen oder Erbsen als Vorkultur, das ist wegen seines Stickstoffhungers ideal. Geerntet wird er nach dem ersten Frost. Grünkohl kann den ganzen Winter draußen bleiben und nach Bedarf geerntet werden. Rosenkohl müssen Sie vor den ersten starken Frösten – der Erfahrung nach vor Weihnachten – ernten.

Kopfkohl: Dazu gehören Wirsing, Weiß- und Rotkohl. Angeboten werden frühe und späte Sorten. Die frühen Sorten sind zarter und besitzen meist gelockertere Köpfe. Zum Lagern sind lediglich die späten Sorten geeignet. Kopfkohl verlangt nach nährstoffreichen Böden. Einige zusätzliche Düngegaben sollten Sie ihm spendieren. Wirsing gehört zu den schnell wachsenden Gemüsesorten, er ist bereits im Juni erntereif. Späte Sorten können Sie bis November auf dem Beet stehenlassen.

Kohlrabi: Ein wenig haben wir hier die Qual der Wahl – die blauen Sorten sind robuster, die weißen schmackhafter. Wenn Sie Kohlrabi pflanzen, dürfen Sie ihn nicht tiefer setzen, als er im Saatbeet stand. Selbst wenn er dann eher liegt als steht, sonst bilden sich keine Knollen.

Allen Kohlsorten ist gemeinsam, daß sie eine kühle Anzucht benötigen, um die 15 bis 18 °C sind in Ordnung. Bei höheren Temperaturen wächst Kohl zu rasch, und Sie müssen damit rechnen, daß er sich anfällig zeigen wird. Was ihm gut bekommt, sind einige Nachdüngungen mit Jauche. Sein beträchtlicher Hunger wird verständlich, wenn Sie sich vor Augen führen, welches Gewicht sich ein Kopfkohl bis zur Ernte zulegen muß.

Eine zusätzliche Leckerei erhalten Sie, wenn Sie einige Grünkohlpflanzen stehen lassen bzw. bei der Ernte nur die Blätter pflücken. Im Frühjahr können Sie dann aus frischen Kohlsprossen einen Salat bereiten.

Einige Worte möchte ich an dieser Stelle den Kohlschädlingen widmen, sie haben es leider verdient. In nahezu jedem Garten treten sie auf. Aber keine Angst, gar so hilflos stehen Sie nicht da, vorbeugend können Sie mit ein paar einfachen Maßnahmen und kleinen Tricks die Eiablage der Schädlinge erschweren. Setzen Sie Kohlpflanzen, ausgenommen Kohlrabi, stets bis zu den Keimblättern in die Erde, das erschwert dem Kohlgallenrüßler die Eiablage. Wenn im Sommer der Kohlweißling über die Beete anfliegt, können Sie seinen Geruchssinn verwirren. Überbrausen der Kohlpflanzen mit stark duftendem Kräutertee, beispielsweise von Lavendel oder Wermut, ist hier eine wirkungsvolle Methode. Gegen die Kohlfliege helfen die sogenannten Kohlkragen. Sie bestehen aus Pappscheiben mit einem Schlitz. Sie werden dicht am Boden um den Stengel der Pflanze gelegt.

Stark kalkhaltiges Wasser macht aus Rotkohl beim Kochen Blaukraut.

Abwechslungsreiches Wurzelgemüse

Haferwurz: Sie ist eine nahe Verwandte der Schwarzwurzel. Das gilt auch für deren Anbau. Der Ertrag ist jedoch nicht so üppig, und weil die Wurzeln recht dünn sind, kostet die Zubereitung schon etwas Arbeit. Trotzdem, der Haferwurz hat sicher seine Liebhaber. Die weißen Wurzeln sind nicht winterhart, sie halten sich im Keller dennoch einige Wochen.

Kartoffeln: Den Anbau unserer geliebten Knolle muß bestimmt kein Gärtner mehr rein aus Gründen der Selbstversorgung betreiben. Nun, wer reichlich Platz zur Verfügung hat, so ein richtiger Großgartenbesitzer also, der mag aus Liebhaberei die eine oder andere Reihe ziehen, hegen und pflegen. Und zweifelsohne sind gerade geerntete Kartoffeln, weg vom Beet in die Küche und gleich auf den Teller, ein wahrlich unvergleichlicher Schmaus. Am besten lassen Sie Ihren Appetit auf unübertrefflich frische Kartoffeln die Entscheidung über einen Anbau fällen.

Knollensellerie: Strenggenommen könnte man meinen, er zähle gar nicht zum Wurzelgemüse, seine Knolle bildet er schließlich über dem Boden aus. Er darf erst nach den Eisheiligen gepflanzt und lediglich so tief gesetzt werden, wie er vorher im Anzuchtbeet stand. Humoser Boden und einige zusätzliche Jauchedüngungen sind für gutes Wachstum nötig. Bereits im Sommer können Sie einige Blätter für Eintöpfe ernten. Nach der Ernte im Oktober, hält sich der Sellerie im Keller noch bis Februar.

Der schwarzschalige Rettich ist vitaminreicher, aber schärfer als der weiße.

Mairübe: Der Name verrät uns gleich, daß wir es mit einem Frühjahrsgemüse zu tun haben. Sie können jedoch eine zweite Ernte erwarten, wenn Sie von Mitte Juli bis Mitte August nochmal aussäen. Mairüben müssen in ihren Reihen Abstand zueinander halten; 10 cm sollten es sein, sonst können sie keine Knollen bilden. Knollen mit drei bis fünf Zentimetern Durchmesser schmecken übrigens am besten. Ich liebe sie gekocht wie auch roh.

Möhre: Runde, dicke, lange, schlanke, mit und ohne Herz – in Ihrem

Rechts: Blüte und Blätter der Pastinake

Unten: Von der Pastinake verwendet man die Wurzel.

Mitte unten: Mairüben sind ein gesundes Frühjahrsgemüse.

Ganz unten: Die erste Möhre esse ich immer schon im Garten.

eigenen Gartenreich stehen Ihnen alle Möglichkeiten zum Probieren offen. Lagersorten werden zeitig ausgesät und bleiben bis zu den ersten Frösten auf den Beeten. Kleine Möhren können Sie bereits im Juli ernten.

Pastinake: Sie ist wie so manches Gemüse sehr zu Unrecht in Vergessenheit geraten. Warum es ausgerechnet diese herrlich aromatische, weiße Wurzel traf, weiß der Himmel. Daß es an ihrem ziemlich anspruchsvollen Düngerverbrauch liegt, kann ich nicht glauben. Diese Gemüsepflanze kann über Winter im Beet bleiben und laufend geerntet werden.

Radieschen: Sie sind häufig das erste Frische aus dem Garten. In das Frühbeet können Sie Radieschen schon Ende Februar säen, und nach einigen Wochen sorgen sie mit ihrem herzhaften Geschmack für Munterkeit zum Abendbrot. Die letzten Radieschen-Aussaaten sind noch bis Ende April möglich, danach wird es zu warm, und sie gehen schnell in Blüte. Es ist unbedingt auf ausreichende und vor allem gleichmäßige Feuchtigkeit zu achten, sonst werden die Radieschen holzig und verlieren ganz ihren Reiz.

Rettich: Nicht so beliebt wie der weiße Rettich, den man in Bayern gern zum Bier ißt, ist der schwarzschalige. Dieser ist aber noch wesentlich vitaminreicher, allerdings auch schärfer. Manche mögen das, probieren Sie es doch mal und bieten ihn an. Vielleicht ist Ihnen jemand dankbar, daß Sie ihn auf den Geschmack

Oben: Die Haferwurz, ein Liebhabergemüse

Rechts: Wurzelgemüse läßt sich in der Küche vielseitig verwenden. Außerdem kann man viele Arten hervorragend einlagern.

gebracht haben. Rettich kann von März bis August gesät werden, und die späten Sorten sind, richtig gelagert, noch bis Februar im Keller haltbar. Wie das Radieschen muß Rettich ebenfalls gleichmäßig feucht gehalten werden. Bei Trockenheit platzt er auf und ist zumindest fürs Lager nicht mehr zu gebrauchen.

Rote Bete: Zum Konservieren sollten sie zwar ausgewachsen sein, aber ernten Sie zum Frischverzehr ruhig die jungen Rüben.

Steckrübe: Sie gehört zu den Spätkulturen, die nach der Erbsenernte aufs Beet kommen. Ihre Ansprüche sind gering, und Sie können sie problemlos bis weit in den Winter hinein lagern.

Schwarzwurzeln: Haben Sie einen steinigen Gartenboden? Dann kann ich Ihnen guten Gewissens einen Anbau dieses feinen Gemüses leider nicht empfehlen. Auf solchen Böden wachsen die Wurzeln schief und krumm, worauf das Schälen zur Qual würde. Sie müßten dann für entsprechend feinere Erde auf dem vorgesehenen Beet sorgen, wenn Sie Freude am Anbau der Schwarzwurzel haben möchten. Sobald das Wetter es zuläßt, kann gesät werden, oft schon ab Februar. Die Wurzeln können in milden Gegenden, oder wenn schützender Schnee liegt, im Freien verbleiben. Diese müssen aber im Laufe des Frühjahrs verbraucht werden. Denn sobald die Blüte anfängt sich zu entwickeln, ist ihr Wohlgeschmack dahin.

Gesundes Zwiebelgemüse

Knoblauch stecke ich im zeitigen Frühjahr etwa 3 cm tief – meist irgendwo dazwischen.

Knoblauch: Für mich ist Knoblauch ganz und gar unverzichtbar. Seine Verwendung zur geschmacklichen Abrundung – sicher mit dem gewissen Feingefühl – läßt unserer Phantasie viel Spielraum, sein Gesundheitswert ist geradezu sprichwörtlich.

Porree: Wir unterscheiden zwischen Sommer- und Winterporree. Winterporree kann gelagert oder in milden Wintern auf dem Beet bleiben und laufend geerntet werden. Den Aufwand mit dem Schneiden der Blätter beim Pflanzen dürfen Sie sich sparen, er ist gar nicht nötig. Das Beschneiden ist allerdings angebracht, wenn Fraßgänge der Lauchmotte erkennbar sind. Sie frißt sich von oben nach unten durch die Blätter.

Schlangenlauch: Schlangenlauch bietet uns eine appetitliche Mischung aus Knoblauch- und Zwiebelaroma. Seine Besonderheit ist, daß er keine Samen bildet. An seinen schlangenförmigen Blättern bilden sich oben kleine Brutknöllchen, die Sie zum Stecken im nächsten Jahr verwenden können.

Zwiebeln: Von den eher milden, großen Gemüsezwiebeln über die roten, scharfen Schalotten bis hin zu den schlanken, grünen Lauchzwiebeln erstreckt sich das reichhaltige Angebot an geschmacklich sehr unterschiedlichen Sorten. Verwenden Sie keine Brennesseljauche für Zwiebeln, die bekommt ihnen nicht!

Zwiebeln müssen nach der Ernte ordentlich abtrocknen. Dazu brauchen sie Luft und Sonne.

Links: Erbsen in Blau und Grün; die blauschotigen Erbsensorten findet man heute nur noch bei Liebhabern.

Unten: Die Zweige vom winterlichen Obstbaumschnitt sind ein prima Rankgerüst für Erbsen.

Ganz unten: die dekorativen roten Blüten der Feuerbohne

Pflegeleichte Hülsenfrüchte

Bohnen: „Bohnen wollen die Glocken läuten hören", heißt es, ein netter Sinnspruch, dem wir ruhig Beachtung schenken sollten. Immer wieder wird der Fehler gemacht, sie zu tief zu legen. Bei drei Zentimetern haben Sie Bohnen richtig untergebracht. Es stimmt zwar, Buschbohnen sind zarter als Stangenbohnen, aber wenn Sie auf hohen Ertrag Wert legen, z. B. weil Sie ordentliche Mengen einfrieren möchten, sollten Sie Stangenbohnen den Vorzug geben, denn diese hören nicht nach der ersten Blüte auf zu wachsen. Die wunderschön blühende, rankende Feuerbohne ist besonders robust.

Erbsen: Sie wachsen recht problemlos heran; was sie nicht mögen, ist zuviel Stickstoff und Jauche. Als kleine Nascherei zum Rohessen eignen sich die saftigen Markerbsen besser als die zum Trocknen gut brauchbaren Palerbsen. Mit Schale werden Zuckererbsen gegessen. Erbsen zum Naschen können auch noch im Juli gelegt werden, den Kindern zur Freude.

Saubohnen: Heutzutage wird sie fast ausschließlich zu Gründüngungszwecken angebaut, auch Puff- oder Ackerbohne genannt. Sie gehört zu den frühesten Gemüsen im Frühjahr. Schon Ende Februar können Sie diese Bohne legen.

Leckeres Fruchtgemüse

Unten: Zuckermelonen brauchen einen sehr warmen Sommer und einen sonnigen Platz. Zum Schutz können sie unter hochgebocktem Glas- oder Foliendach wachsen.

Ganz unten: Tomaten nannten wir oft auch Liebesäpfel.

Gurke: Wichtig ist vor allem lockerer Boden, denn Staunässe verträgt sie überhaupt nicht. In schweren Böden sollten Sie ihr deshalb vorsorglich einen Wall anhäufeln. Es darf aber andererseits auch nicht zu trocken sein. Ist der Boden zu sandig und trocknet schnell aus, sollten Sie der Gurke Furchen ziehen. Angeboten werden auf einer Kürbisart veredelte Gurkenpflanzen, die recht unempfindlich gegen witterungsbedingte Pilzerkrankungen sind. Für Einkochzwecke sind die kleinen rauhschaligen Sorten wunderbar geeignet, für Senfgurken die riesigen Aziagurken.

Kürbis und Melone: Wichtig für beide Gemüse ist, daß Sie sich nicht dazu hinreißen lassen dürfen, zuviele Früchte an den Pflanzen stehenzulassen. Bei den großen, gelben Kürbissen reichen zwei pro Pflanze, bei kleineren Sorten und den Melonen sind vier bis fünf Früchte vollkommen ausreichend. Alle anderen Fruchtansätze, Seitentriebe und Triebspitzen sollten Sie wegschneiden, sonst erschöpft sich die Pflanze in unergiebigem Längenwachstum.

Paprika: Seine Herkunft hat ihn an Wärme gewöhnt. Er braucht zum Keimen 24 °C, dann geht es aber rasch. Paprika ist ein ausgesprochenes Kind der Sonne, und wir müssen es hinnehmen, daß er in unseren normalen Sommern meist nicht ausreift. Aber auch wenn er uns hier nur mit kleinen Früchten beschenkt, so halte ich seinen Anbau für lohnenswert, weil er überaus aromatisch ist. Als Gewürz für

Ohne Gurken kann ich mir meinen Garten gar nicht vorstellen.

Soßen und Chutneys stellt er eine vorzügliche Bereicherung dar.

Tomate: Ich gebe Ihnen den Rat: ziehen Sie die Tomaten lieber selber vor, als sich die Pflanzen im Mai auf dem Markt zu besorgen. Besonders wenn Sie ausgefallene Sorten haben möchten. Diese langen italienischen Ketchuptomaten beispielsweise suchen Sie dort bestimmt vergeblich. Auch gelbe Tomaten sind eher selten, und manchmal – so scheint es mir jedenfalls – wissen die Marktleute gar nicht, welche Sorten sie da eigentlich unter die Leute bringen.

Die Früchte des Riesenkürbisses beeindrucken mich jedes Jahr wieder.

Mit der Anzucht beginnen Sie bereits im Februar im warmen Zimmer mit Temperaturen um 20 °C. Hat sich das erste Blattpaar entwickelt, wird umgepflanzt und dann noch einmal bei 15 Zentimeter Höhe. Tomaten können Sie ruhig tief setzen, es entwickeln sich so noch Seitenwurzeln. Woran Sie denken sollten, ist, daß Tomaten bei unseren unzuverlässigen Sommern anfällig für Pilzerkrankungen sind. Spritzen Sie am besten schon die Topfpflanzen vorbeugend mit Schachtelhalmbrühe. Sie bringen sie auf diese Weise dazu, sich von Anfang an eine widerstandsfähige „Haut" zuzulegen. Ende Mai geht es dann ins Freie. Anders als die anderen Gemüse lieben Tomaten sozusagen ihren eigenen Mist, d. h., sie wachsen vorzugsweise dort, wo im Vorjahr bereits Tomaten gestanden haben. Bei Erkrankungsfällen sollten Sie jedoch lieber den Standort wechseln. Tomaten können Sie gut und gerne alle zwei Wochen mit Jauche versorgen, ihr Wachstum ist ja doch enorm. Wichtig ist zudem eine ausreichende Versorgung mit Feuchtigkeit.

Zucchini: Ein pflegeleichtes Gemüse, jedoch mit hohem Dünge- und Platzanspruch. Immerhin einen Quadratmeter von Ihrem Garten beansprucht jede einzelne Pflanze für sich. Zur Erntezeit müssen Sie regelmäßig schneiden. Fangen die Früchte erst an zu wachsen, dauert es oft kaum eine Woche, bis sie die stolze Länge von einem halben Meter erreicht haben!

Kräuter aus un

Einen Garten ohne Kräuterbeet – das kann ich mir gar nicht vorstellen, selbst auf dem kleinsten Fleckchen Natur findet sich Platz dafür. In der guten Küche ist eine feine Auswahl frischer Gartenkräuter ohnehin nicht zu ersetzen. Und bei so manchem Alltagsleiden war es die Tasse Kräutertee, nach der sich bald Linderung und Wohlbehagen einstellten. Aber nicht nur wir Menschen ziehen direkten Nutzen aus der Verwendung frischer Kräuter. Für meine Kulturpflanzen sind sie ebenfalls stets ein Gewinn gewesen. Sei es in Form von Dünger oder zur Stärkung und zur Bekämpfung von Krankheiten und Schädlingen in Form von Kräuterbrühen.

Kräuter sind aus meiner Küche nicht wegzudenken. Ich habe ein ganzes Regal mit allen nur möglichen Würzkräutern gegenüber vom Herd.

serem Garten

Das Kräuterbeet

Lassen Sie mich die Gartenkräuter für unsere gärtnerischen Zwecke in zwei Gruppen einteilen: Zum einen die südlichen mediterranen Kräuter, denen es nach prallem Sonnenschein verlangt und die eher trockene, magere Standorte bevorzugen. Zum anderen unsere heimischen mitteleuropäischen Arten, die es feuchter sowie nahrhafter lieben und manchmal im Halbschatten üppiger gedeihen als in der Sonne. Natürlich gibt es Ausnahmen von dieser Regel.

Einige der aufgeführten Kräuter haben ihren Ursprung in anderen Teilen der Welt. Aber schon seit Jahrhunderten haben sie hier in Europa eine neue Heimat gefunden, man findet sie wild wachsend, dort wo es ihnen gefällt. Und so will ich sie ihren Ansprüchen entsprechend der einen oder anderen Gruppe zuordnen.

Wenn wir allen Kräutern gerecht werden wollen, ist es am sinnvollsten, das vorgesehene Beet in drei Bereiche zu teilen: Einmal die Ecke für die südlichen Bergkräuter; sie brauchen mageren Boden. Guter Gartenboden ist ihnen schon zu nahrhaft. Sandig, sonnig und eher trocken soll ihre Stelle sein, das sagt ihnen am besten zu. Dorthin gehören Salbei, Lavendel, Majoran und Oregano, aber auch unser heimischer Beifuß ist da richtig aufgehoben. Im mittleren Bereich darf es humoser sein, nur nicht zu fett. Hier wachsen Basilikum, Kerbel, Dill und Bohnenkraut. Im dritten Bereich sollte der Boden feucht sein, der Platz leichten Schat-

Ganz oben: Ein wahres „Füllhorn" für die Kräuterküche, für Tees, Badezusätze und Duftkissen.

Oben: Die Ringelblume samt sich selbst leicht im Garten aus.

Rechts: Schon mein Großvater erzählte mir an seinen Kräuterbeeten von den Klostergärten. Längst habe ich selbst erfahren, wie wertvoll ein Kräutergarten ist.

ten spenden, um für Kräuter wie Estragon, Minze, Löffelkraut und Liebstöckel die richtige Heimat zu bieten.

Stellen Sie allen Ihren Kräutern lockeren Boden zur Verfügung. Ich verspreche Ihnen, der Aufwand, der dazu bei schweren Böden anfällt, wird entschädigt werden. Mit voller Aromaentfaltung danken es Ihnen Ihre Kräuterpflanzen.

Ganz gleich, wie Sie Ihr Kräuterbeet gestalten – ob rund, eckig oder welche Form Sie auch immer bevorzugen –, denken Sie daran, daß sämtliche Kräuter erreichbar sein müssen. Hier bieten sich einige Trittsteine an, die sich im übrigen sehr hübsch einfügen lassen und so zur ansprechenden Gestaltung auch des Nutzgartens beitragen können.

Etliche Kräuter sind einjährig oder werden wegen mangelnder Winterhärte bei uns einjährig kultiviert. Lassen Sie für diese Arten ausreichend Platz im Kräuterbeet. Einjährige können aber überdies im Gemüsebeet untergebracht werden, dienen dort den anderen Pflanzen zugleich als gute Mischkulturpartner: Petersilie zur Aromaverbesserung von Kartoffeln und Tomaten, Bohnenkraut gegen schwarze Läuse in die Bohnenreihen, Dill zu den Gurken.

Welches Kraut zu welcher Speise?

Die Kräuter, die ich hier nenne, müssen wahlweise kombiniert werden und sollten nicht alle miteinander verwendet werden. Nur so läßt sich den Speisen eine einheitliche Geschmacksrichtung geben.

Kraut	Speise														
	Blattsalate	Bohnengerichte	Gurkensalat	Kräuterbutter	Kräuterquark	Tomatensalat	Fisch, gedünst.	Fisch, gebrat.	Geflügel, mager	Geflügel, fett	Kalbsbraten	Lammbraten	Lebergerichte	Schweinsbraten	Wildgerichte
Basilikum						×									
Beifuß										×					
Bohnenkraut		×													
Borretsch	×		×												
Dill	×		×		×		×	×	×						
Eberraute										×					
Estragon	×		×			×	×	×						×	
Gartenkresse	×						×		×						×
Kerbel				×	×										
Knoblauch	×		×	×	×										
Lavendel												×			
Liebstöckel														×	×
Majoran		×								×			×		
Origanum		×										×			×
Petersilie	×		×	×	×	×	×	×	×						
Rosmarin										×	×	×		×	×
Salbei								×		×	×	×	×	×	
Schnittlauch	×		×	×	×	×									
Thymian		×	×			×				×		×	×		×
Zitronenmelisse	×						×								
Zwiebellaub, frisch	×		×		×	×			×					×	

Kräuter für die Pflanzengesundheit

Sie können Kräuter nicht nur in der Küche, sondern auch im Garten anwenden. Einige Beispiele haben Sie schon bei der Mischkultur kennengelernt: Lavendel unter Rosen, Bohnenkraut zu Buschbohnen. Kräuterauszüge zur Behandlung von Gartenpflanzen sind so alt wie der Gartenbau selbst. Besonders in Klostergärten wurden die verschiedenen Rezepte ausprobiert und weiterentwickelt. Die experimentierfreudigen Nonnen und Mönche probierten einfach alles aus. Jauchen und Brühen können für das allgemeine Wohlbefinden der Pflanzen und zur direkten Behandlung bei Schädlingsbefall und Krankheiten angewendet werden, einen mehr oder weniger stark ausgeprägten Düngeeffekt haben sie alle. Nachfolgend führe ich die Arbeitsschritte zur Herstellung dieser Hilfsmittel auf.

Jauche: Die frischen Kräuter werden locker in eine Tonne oder Eimer (nicht aus Metall) gefüllt, mit Wasser aufgefüllt und verrührt. Jeden Tag wird umgerührt, bis es nicht mehr schäumt. Das dauert etwa zehn bis vierzehn Tage. Verdünnt wird ungefähr 1:10.

Brühe: Die frischen Pflanzen locker in einen Topf füllen und einen Tag lang in kaltem Wasser einweichen. Danach wird das Ganze 20 Minuten zugedeckt auf kleiner Flamme gekocht. Nach dem Abkühlen abseihen. Als Topf eignet sich ein emaillierter Einkochtopf, dessen Beschichtung unbeschädigt sein muß. Verdünnt wird wiederum 1:10.

Tee: Heißes Wasser wird über die Kräuter gegossen, einen Tag lang lassen wir ziehen, dann wird abgeseiht. Tee findet unverdünnt Anwendung.

Ausgesprochene Düngekräuter zur Jaucheherstellung sind Brennessel und Beinwell. Beide Kräuter verwenden Sie möglichst frisch geerntet – ohne Samenansatz. Füllen Sie ein passendes

Gefäß locker mit den Blättern und gießen Sie mit Wasser auf. Zur Vorbeugung gegen Pilzerkrankungen ist Schachtelhalmbrühe empfehlenswert, denn die in ihr enthaltene Kieselsäure kräftigt das Pflanzengewebe. Am besten alle zwei Wochen die Pflanzen und den Boden damit spritzen.

Folgende Pflanzen sind auch sehr brauchbare Gartenhelfer: Ebenfalls gegen Pilzbefall und darüber hinaus noch gegen Milben wirksam ist ein Tee, hergestellt aus 100 g Zwiebeln und Knoblauch auf zehn Liter Wasser. Dieser muß mehrmals in dreitägigem Abstand auf die Pflanzen gespritzt werden, wenn akuter Befall droht. Gegen Schädlinge im Boden, wie Erdraupen oder Erdflöhe, verwenden Sie Wermuttee oder Rainfarnbrühe. Letztere kann auch auf die Pflanze gegossen werden.

Zur Geruchsverwirrung der fliegenden Schadinsekten wie Kohlweißling, Möhrenfliege und anderen können Sie einen stark duftenden Kräutertee einsetzen. Geeignet sind Lavendel, Salbei, Thymian, Baldrian und Pfefferminze, eben alle riechenden Kräutertees. Diese Tees sollten zur Flugzeit der Insekten öfter über die Beete gegossen werden. Der Umstand, daß Insekten nicht sonderlich gut sehen, sondern sich vielmehr am Geruch orientieren, hilft uns hier. Gegen Blattläuse wirken viele Kräuter, die Bitterstoffe enthalten. Diese werden als Tee angewendet und direkt auf die Pflanze gegossen. Wermut, Angelika, Baldrian und Schafgarbe sind empfehlens-

Linke Seite:

Oben: Echte Kamille

Unten: Früher machte man aus der Brennessel das Nessel-Leinen.

Manchmal riecht es aus dem Jauchefaß zu streng. Für diesen Fall streuen Sie nach dem täglichen Umrühren eine Handvoll Steinmehl auf die Jauche. Das bindet den Geruch und erhöht außerdem die Düngewirkung. Geruchsbindend wirken auch einige Tropfen Baldrianblütenextrakt.

Ganz links: Der Name des Beinwells stammt von seinen mittelalterlichen Einsätzen bei Knochenbrüchen.

Links: Acker-Schachtelhalm ist im Beet leider ein sehr lästiges Unkraut.

Rechts: Meine Würz- und Heilkräuter in Öl, Essig und Wein

Unten: Ich erfreue mich immer wieder an den schönen blauen Blüten vom Borretsch.

Ganz unten: Ist der Thymian so groß, kann er verpflanzt werden. Aus jedem Stengel wird ein kräftiges Büschchen.

werte Zutaten solcher Tees gegen lästige Blattläuse an vielen Gartenpflanzen.

Verjauchen Sie ruhig alle Kräuterabfälle, auch die von Wildkraut. Jauche ist ein schnell wirkender Dünger, was insbesondere für die Sommermonate von Wert ist. In dieser Zeit können Sie mit diesen flüssigen Düngern die Gemüsepflanzen in ihrem zügigen Wachstum unterstützen.

Ernte der Kräuter

Zum Frischgebrauch können Kräuter jederzeit geerntet werden, solange noch grüne Blätter oder Blüten da sind. Ist es jedoch vorgesehen, die Kräuter zu trocknen, sollten Sie den Zeitpunkt des höchsten Aromagehaltes wählen, denn ein Teil geht durch das Trocknen verloren. Die Blattkräuter werden deshalb kurz vor der Blüte geerntet. Nach der Blüte läßt der Aromagehalt wieder nach. Die Haupterntezeit fällt in den Juni/Juli. Für uns war der Johannistag (24. 6.) stets der Stichtag für den Beginn der Kräuterernte.

Suchen Sie sich für die Ernte einen sonnigen Tag aus. Der beste Zeitpunkt ist der, wenn die Blätter bereits vom Morgentau abgetrocknet, aber von der Mittagshitze noch nicht erwärmt sind. Wenn die Kräuter getrocknet werden sollen, können Sie entweder die ganze Pflanze abschneiden oder mit dem Messer nur die Triebspitzen mit zwei oder drei Blattpaaren kappen. Kräuterspitzen sind besonders aromatisch, weil die Pflanzen die neuen Triebe vorrangig versorgen.

Gehen Sie bitte behutsam vor, und drücken Sie die Blätter nicht. Dort bilden sich sonst beim Trocknen schwarze Stellen, die leicht verderben. Nehmen Sie für jede Sorte ein Extragefäß mit, und legen Sie das Erntegut locker und nicht zuviel davon übereinander. Ein Korb zum Beispiel leistet hier gute Dienste. Die zum Trocknen ausgewählten Pflanzen und Pflanzenteile sollten weder fleckig noch angefressen sein. Nach der Ernte werden die Blätter oder Stiele kurz unter Wasser abgespült und sofort zum Abtrocknen ausgebreitet. Auch dabei ist sanfter Umgang gefragt, das Pflanzenmaterial darf nicht gedrückt werden.

Wenn Sie die Blüten, z. B. von Kamille, Königskerze oder Lavendel, ernten, zupfen Sie diese mit den Fingern ab und schütteln Sie sie. So entfernen Sie in den Blüten eventuell verborgene Insekten. Für die Blüten sind Tabletts ein geeignetes Erntegefäß, weil sie hier gut ausgebreitet werden können.

Wurzelkräuter werden entweder im Frühling oder Herbst geerntet. Graben Sie die Wurzeln vorsichtig aus und schütteln Sie leicht die Erde ab. Die Wurzeln werden gewaschen, eventuell mit einer Bürste von Erde befreit und sind dann zur Trocknung bereit.

Blüte und Blatt vom Baldrian

Der Wurzelstock des Baldrians mit seinen heilkräftigen Substanzen

Kräuterporträts – mittel- und nordeuropäische

Angelika (Arznei- Engelwurz, *Angelica archangelica*): Diese imposante Pflanze wächst bis zu zwei Meter hoch. Ihre Blattstiele schmecken süß und können für Marmeladen verwendet werden, um Zucker zu sparen. Wir können auch kandierte Fruchtstücke aus ihnen herstellen. Tee aus Angelikawurzel hilft bei Magenbeschwerden. Angelika braucht einen halbschattigen Platz in nährstoffreichem Boden. Wenn sie blüht, was uns oft aber erst nach einigen Jahren Geduld geschenkt wird, samt sie sich selbst aus.

Baldrian: Zu Heilzwecken (Beruhigungstees) werden seine Wurzeln geerntet und getrocknet. Er stellt gar keine Ansprüche an den Standort, gibt sich dort zufrieden, wo Sie ihn hinpflanzen.

Bärlauch: Wild wächst er in Buchenwäldern, wo er im Frühling seinen knoblauchähnlichen Geruch verströmt. Hineingeholt in den Garten geben Sie ihm einen Platz im lichten Schatten in humosem nährstoffreichem Boden. Auch beim Trocknen behält er seinen intensiven Knoblauchgeschmack.

Beifuß: Dieses streng schmeckende Gewürz darf nur sparsam verwendet werden. Beifuß trägt zur besseren Verdauung fettiger Speisen bei. Er ist eine typische Pionierpflanze. Auf Schuttplätzen, an Bahndämmen, überall, wo es trocken und mager ist, wächst er in Mengen. Im Kräuterbeet findet er deshalb in einem trockenen mageren Bereich seinen Platz. Verwendeter Teil: getrocknetes Kraut.

Beinwell: Er wächst wild an Gräben unter Gebüsch. Sein naher Verwandter, der Komfrey, ist für uns Gärtner geeigneter, weil er unerschöpflich riesige Blätter treibt, die jederzeit geerntet werden können. In England wurde Komfrey als Viehfutter angebaut. Weniger in der Küche als in der Medizin wird Beinwell benutzt. Umschläge fördern die Heilung von Wunden. Keine innerliche Anwendung!

Bibernelle: Ihre jungen Blätter spenden Würze für Suppen und Salate. Heute findet man sie nur noch selten im Kräuterbeet. Sie liebt magere Standorte.

Borretsch: Er findet nur frisch Verwendung. Der leicht gurkige Geschmack verflüchtigt sich beim Trocknen. Borretsch hat keine speziellen Ansprüche, braucht allerdings Feuchtigkeit. Sowohl die Blätter als auch die schönen blauen Blüten sind eßbar.

Brennessel: Wenn Sie Brennesseln im Garten möchten, vor allem zur Jauchegewinnung, geben Sie ihnen einen Platz in einer Ecke hinter Gebüsch. Neben dem Kompost wachsen sie zwar gut, aber sie schicken ihre Ausläufer in den Kompost. Es ist mühsam, sie wieder zu entfernen.

Brunnenkresse treibt unermüdlich neue Blätter, bis zur Blüte. Kneifen Sie die Blüten aus, sobald sie sichtbar werden, dann verlängert sich die Erntezeit.

Brunnenkresse: In der Natur wächst sie an Fließgewässern. Wir können sie im Garten in eingegrabenen Wasserbehältern (Eimer, Babywanne) kultivieren. Brunnenkresse ist hauptsächlich ein Winterkraut, dessen Triebspitzen von November bis Mai für Salat und Soßen geerntet werden. Gründlich waschen wegen Kleinschnecken, die Wurminfektionen übertragen.

Ganz links: Die Arznei-Engelwurz oder Angelika ist eine hohe Pflanze mit viel Platzbedarf.

Links: Mit einer Liebstöckelpflanze habe ich weitaus genug Kraut für meine Küche.

Rechts: Wenn Garten-Kerbel anfängt zu blühen, ist er für die Küche nicht mehr zu gebrauchen.

Ganz rechts: Selbst meine jüngeren Enkelkinder schmecken den Unterschied zwischen meinem frischen Minztee und Teebeuteltee.

Estragon: Er ist das klassische Essigkraut. Frisch ist ihm ein kräftiges Aroma eigen, zum Trocknen ist er weniger geeignet. Bei uns ist sowohl der Russische als auch sein Verwandter, der Französische Estragon, erhältlich. Letzterer hat ein feineres Aroma, er läßt sich aber nur über Wurzelableger vermehren. Wenn Sie Estragon als Samen beziehen, handelt es sich dabei immer um den Russischen. Estragon wächst in der Sonne und im Halbschatten in humosem, feuchtem Boden.

Garten-Kerbel: Dieser kann bereits früh im Jahr gesät werden, Folgesaaten sind möglich. Er liebt halbschattige Plätze und braucht viel Feuchtigkeit. Bei Trockenheit geht er schnell in Blüte und ist dann für die Küche nicht mehr zu gebrauchen. Seine Blätter werden frisch verwendet. Beim Trocknen verliert sich der leicht anisartige Geschmack weitgehend.

Liebstöckel: Bekannt ist er auch als Maggikraut, und damit ist schon viel über seinen Geschmack ausgesagt. Die Pflanze gedeiht in der Sonne und im Halbschatten. Liebstöckel braucht nahrhaften Boden, Nachdüngung mit Kompost oder zweimalige Jauchegaben bekommen ihm gut. Zeigt er sich mit seinem Standort zufrieden, kann er bis zu zwei Meter hoch werden. Eine Pflanze reicht für den Bedarf einer Familie völlig aus. Wegen seiner starken Würzkraft sollten wir Liebstöckel sparsam einsetzen. Die Blätter können zwei- bis dreimal im Jahr zum Trocknen geerntet werden.

Löffelkraut: Gemeint ist hier das Gemeine Löffelkraut. Es ist eine Salzwiesenpflanze mit entsprechenden Vorlieben: humoser Boden

Liebhaber von Minze unterhalten wenigstens fünf verschiedene in ihrem Garten. Deren Namen machen schon Appetit: Ananasminze, Apfelminze ... Für die Bereitung von Tee kommt gewöhnlich am ehesten die Pfefferminze in Betracht, die, frisch gebrüht, in der Tat leicht pfeffrig schmeckt.

wird gewünscht, und ab und zu spendieren Sie ihm einen Löffel Salz ins Gießwasser. Löffelkraut ist bescheiden und ausgesprochen winterfest. Es ist zwar nicht zum Trocknen geeignet, dafür können wir aber das ganze Jahr über von ihm ernten. Die Blätter ergeben eine ausgezeichnete Ingredienz bei der Herstellung von Kräuterbutter.

Minze: Sie neigt zum Wuchern; weil ihre Wurzelausläufer aber knapp unter der Erdoberfläche entlangwandern, können wir sie mit einer eingegrabenen Kiste ohne Boden im Zaum halten. Sie wächst auch im Halbschatten noch gut. Jeder gute Gartenboden ist ihr recht.

Schnittlauch: Schnittlauch besticht durch seinen würzig scharfen Geschmack und mundet am besten frisch. Beim Trocknen verliert er sehr an Aroma. Für den Winterbedarf läßt er sich aber gut einfrieren oder auf der Fensterbank antreiben. Schnittlauch liebt es feucht und nährstoffreich und wächst am liebsten in der Sonne.

Wermut: Das würzige Kraut darf nur sparsam verwendet werden. Es liebt einen eher mageren Standort in der Sonne. Wermut wirkt sich in der Nachbarschaft von Gemüse negativ auf dessen Wachstum aus. In der Nähe von schwarzen Johannisbeeren steht Wermut gut, denn er wirkt auf diese gesundheitsfördernd. Wermut findet im Pflanzenschutz seine hauptsächliche Verwendung (siehe Seite 42).

Links unten: blühender Schnittlauch

Unten: Um im Winter frischen Schnittlauch zu haben, topfte ich im Herbst ein paar abgeerntete, geteilte Pflanzen (unten) in kleine Töpfe und lasse sie im Freien, bis die Temperatur auf etwa 0 °C zurückgegangen ist. Nach einer Wärmebehandlung kommen die Töpfe an ein helles Fenster und werden immer gut feucht gehalten. Bald habe ich frischen Schnittlauch zum Würzen.

Ich ziehe viele kälteempfindliche Kräuter im Topf, dann kann ich sie während der kalten Jahreszeit einfach ins kühle Treppenhaus stellen.

Kräuterporträts – mediterrane

Basilikum: Frisch ist es ein äußerst würzstarkes Kraut, das nur sparsam Anwendung finden sollte, um nicht des Guten zuviel zu tun. Für deftige Speisen können Sie eine Mischung aus Basilikum, Bohnenkraut und Rosmarin als Pfefferersatz mit einer anderen Würzrichtung einsetzen. Basilikum ist sehr kälteempfindlich. Die vorgezogenen Pflanzen dürfen erst Ende Mai ins Freie. In rauhen Gegenden empfiehlt sich die großblättrige Sorte, sie ist nicht so empfindlich, wenn auch etwas weniger aromatisch als die kleinblättrige. Mit unseren Augen entscheiden wir freilich auch gerne, Sie haben die Wahl zwischen rot- und grünblättrigem Basilikum.

Bohnenkraut: Zwei Arten sind erhältlich; das einjährige Gartenbohnenkraut, das gut zwischen den Bohnen steht, und das ausdauernde, geschmacklich kräftigere Bergbohnenkraut. Mit einer Entscheidung müssen Sie sich nun nicht so quälen. Sie können doch auch beide anbauen und ausprobieren. Dieses oder jenes: leichter, humoser Boden und sonnenverwöhnt, damit ist jedes Bohnenkraut gern versorgt.

Dill: Er liebt es humos und in der Sonne. Wenn Sie nicht alle Dolden ernten, samt er sich dort, wo ihm der Standort zusagt, selbst aus. Der Dill bietet Ihnen als Gewürz sowohl seine frischen Blätter als auch seine Blütendolden an.

Garten-Salbei: Er behält im Winter seine Blätter. Wenn er in rauhen Wintern abfriert, brauchen Sie keinen Totalverlust zu befürchten, im Frühjahr treibt er normalerweise neu aus. Er sollte jährlich weit zurückgeschnitten werden, sonst verholzt er im unteren Bereich und wird zudem unansehnlich. Salbei benötigt einen mageren Standort in voller Sonne.

Garten-Thymian: Schon früh nahmen die Züchter sich seiner an, so daß es heute eine relativ winterharte Sorte für unsere Gärten gibt, den 'Deutschen Winter'. Thymian verlangt es nach aller Sonnenkraft, soweit wir dies nur ermöglichen können, und nach einem mageren Boden. An seinem Aroma können wir erschmecken, wie gut er damit versorgt war. Thymian behält im Winter seine grünen Blätter, so daß er auch zu dieser Zeit für den Frischgebrauch geerntet werden kann. Ältere Sträucher büßen an Würzkraft ein. Ein Auswechseln im Dreijahresrhythmus erhält die anregende Würze dieser Pflanze.

Das Zitronenaroma der Melisse können Sie zum Würzen von Süßspeisen nutzen. Verwenden Sie kleingehackte Blätter für Pudding und Kuchen. Als Gewürz für Obstsalat ist sie wunderbar.

Kamille: Sie ist sehr eigen in ihren Standortansprüchen und gedeiht ausschließlich dann, wenn ihr die Gegebenheiten wirklich zusagen. Magerer Boden, die lachende Sonne über sich, muß es schon sein, an anderen Standorten warten wir vergebens auf das Keimen der Saat. Echte Kamille wird nicht als Würzkraut, sondern als Tee innerlich und äußerlich gegen Entzündungen hoch geschätzt.

Lavendel: Wir dürfen ihn wohl als den Klassiker unter den duftspendenden Nutzpflanzen bezeichnen. In erster Linie kommt er als Duftkraut und unter Ver-

Eine hübsche Abwechslung: Basilikum, einmal rotblättrig (ganz links)

Links: Dieses Bohnenkraut, *Satureja hortensis*, ist einjährig und muß jedes Jahr neu ausgesät werden.

Jedes Jahr gibt es bei mir Lavendelsäckchen für den Wäscheschrank – das hilft gegen Motten.

wendung von Öl und Essig bei der Hautpflege in Betracht, seine Blätter können allerdings frisch auch zum Würzen von Kräuterbutter verwendet werden. Sie schmecken sehr würzig, aber auch bitter. Lavendel wird um so aromatischer, je sonniger und trockener wir ihn plaziert haben. Magerem Boden gibt er außerdem den Vorzug.

Rosmarin gehörte zu meiner Zeit noch in den Brautstrauß.

Majoran: In seiner südlichen Heimat ist er ausdauernd, bei uns jedoch nicht winterhart. Das wunderbar aromatische Kraut wird geerntet, sobald sich Knospen bilden. In warmen Jahren werden wir sogar mit einer zweiten Ernte beschenkt. Er liebt magere Standorte, muß bei Trockenheit aber hin und wieder gegossen werden. Sein Verwandter, der Dost, hat den Vorteil, in unseren Breiten winterhart zu sein, schmeckt jedoch leider nur halb so würzig.

Petersilie: Sie braucht sehr lange zum Keimen. Eine Vorkultur in Töpfen, die stets feucht gehalten werden müssen, ist möglich. Petersilie ist zweijährig. Die Blätter können im zweiten Standjahr noch bis zum Erscheinen der Blütenstengel geerntet werden. Petersilie braucht einen feuchten, humosen Standort in der Sonne. Sie sollten sie nur nicht zweimal hintereinander an der gleichen Stelle aussäen. Bekannt ist die Wurzelpetersilie, deren Wurzeln gewöhnlich als Suppengemüse Verwendung finden. Wurzelpetersilie eignet sich zum winterlichen Antreiben auf der Fensterbank.

Ringelblume: Wenn ihre Blütenblätter auch weniger als Gewürz-, sondern eher als Tee- und Kosmetikkraut Verwendung finden, so ist sie doch nicht nur wegen ihres anmutigen Aussehens in unseren Gärten willkommen. Gesellen wir sie zu unseren Erdbeerpflanzen, werden uns diese mit höherer Fruchtbarkeit und somit größeren Erträgen belohnen. Der Name „Ringelblume" rührt übrigens von der Form ihrer Früchte her, die sie sehr freigiebig in die Natur verstreut, was wir ein wenig im Auge behalten sollten.

Rosmarin: Günstig ist die Kultur in Töpfen, die über Winter ins Haus kommen. Rosmarin gefällt es an mageren Standorten und in voller Sonne. Wegen des strengen Geschmacks sollte er behutsam dosiert werden. Bei Kennern, die um seine aufmunternde Wirkung bei Verwendung als Tee oder Badekraut wissen, erfreut er sich guten Ansehens.

Kennen Sie Salbeiküchlein? Dafür bereiten Sie einen Pfannkuchenteig ohne Zucker zu, und statt Milch nehmen Sie Weißwein. Die einzelnen Salbeiblätter werden eingetaucht und in sehr heißem Fett ausgebacken. Sofort servieren. Für Erwachsene!

Ysop: Dieser kleine Strauch friert in strengen Wintern ab. Er ist wegen seiner lieblichen blauen Blüten als Beeteinfassung gern gesehen. Sie können ihn wie Salbei zum Gurgeln, bei Halsentzündungen etwa, verwenden. Ysop benötigt lockeren Boden und will in der Sonne stehen.

Zitronenmelisse: Meist übersteht sie unsere Winter und samt sich auch selbst aus. Sie ist ebenfalls auf humosen Boden angewiesen, und nur in der Sonne entfaltet sie ihr frisches Aroma. Zitronenmelisse verliert beim Trocknen ihren Geschmack vollständig. Die Technik macht eine Konservierung dennoch sinnvoll möglich, wir können sie einfrieren.

Ganz links: Den herb harzigen Geruch des Garten-Salbeis mag ich besonders gerne. Bei Halsbeschwerden gurgle ich mit warmem Salbeitee.

Links: Wenn Garten-Thymian blüht, ist es für die Ernte zu spät. Alles, was ich nicht zum Trocknen ernte, lasse ich blühen. Bienen und Schmetterlinge freuen sich über die Blütenfülle.

Obst aus unser

Da sind wohl alle Kinder gleich – frisches Obst vom Tisch stibitzen.

In den ersten Kapiteln haben wir eine Seite unseres Nahrungsgartens betrachtet, den Gemüseanbau und die unverzichtbaren Kräuterkulturen. Der zweiten Seite dieser Welt – dem Obstgarten – sind die nächsten Zeilen gewidmet. Frische Erdbeeren, leckere Johannisbeeren, süße Stachelbeeren: jedem fallen als erstes andere Obstarten ein, an die sich auch viele Kindheitserinnerungen knüpfen. Beerenobst und Baumobst selbst zu pflegen und zu ernten, ist eine einfache Sache, und ich empfehle jedem – selbst wenn der Platz noch so begrenzt ist – einen Strauch oder Baum zu pflanzen.

em Garten

Rechts: Wenn die ersten Obstbäume in voller Blüte stehen, hat der Frühling endgültig Einzug gehalten.

Grundlagen des Obstanbaus

Uns Gartenfreunden eröffnet sich durch einen Obstanbau nicht nur die Möglichkeit, die eigenen Lieblingssorten zu genießen, wir können die oftmals reichlich teuren Beerenfrüchte wirklich frisch auf den Tisch bringen. Und besonders Baumobst und Beeren sind, was die Vielfalt ihrer Verwendungsmöglichkeiten anbetrifft, geradezu unerschöpflich: Marmeladen, Säfte, süßsaure Soßen, Trockenfrüchte, Kompott und der köstlichen Verführungen unendlich mehr.

Unten: eine alte Süßkirschensorte 'Hedelfinger'

Ganz unten: bewährte Süßkirschensorte 'Schneiders Späte Knorpelkirsche'

Standortwahl

Der Untergrund ist von großer Bedeutung. Ein hoher Grundwasserspiegel etwa kann das Wachstum erheblich beeinträchtigen. Manche Arten vertragen es nicht, auf Wasseradern zu stehen. Es lohnt sich gewiß, diesbezüglich Erkundigungen einzuziehen und bei hohen Grundwasserspiegeln nur kleinwüchsige Bäume zu setzen. Und bekannten Wasseradern sollten Sie nach Möglichkeit aus dem Weg gehen. Schwere Böden können zu einem Problem für die notwendige Ausbreitung von Wurzeln sein. Machen Sie sich in diesem Fall lieber die Mühe, für jeden Baum ein Pflanzloch mit anderthalb Metern Durchmesser und einem Meter Tiefe zu lockern.

Beerenobst geht zwar nicht so tief, aber bedenken Sie bitte, daß die Sträucher für viele Jahre an der gleichen Stelle stehen sollen und ein Umpflanzen nicht immer von Erfolg gekrönt ist. Wählen Sie deshalb den Platz sorgfältig aus, und entfernen Sie alle Wurzelwildkräuter so gründlich wie möglich.

Befruchtung

Nicht alle Baumobstarten befruchten sich selbst. Sie sind dabei auf andere Sorten angewiesen, deren Pollen ihnen von den Bienen zugetragen werden. In Kleingartenanlagen und Siedlungen mit Obstbaumbestand stellt dies in der Regel kein Problem dar, denn fünfzig Gartenbesitzer werden kaum allesamt dieselben Sorten anbauen. Anders sieht es in Stadtgärten oder in Neubausiedlungen aus, in denen nur vereinzelt Obstbäume zu finden sind. Bereiten Sie sich deswegen mit Blick auf Ihren Obstgarten und dessen nähere Umgebung sorgfältig vor, erkundigen Sie sich bei der Sortenwahl genau, und lassen Sie sich von einer Baumschule ausführlich beraten. Sonst warten Sie unter Umständen vergebens auf die erste Frucht. Eventuell müssen Sie eine zweite Sorte mit anpflanzen. Das kann bei Äpfeln, Kirschen und Birnen der Fall sein, bei Haselnüssen zum Beispiel ist immer eine zweite oder sogar dritte Sorte erforderlich.

Verschiedene Anbauformen

Unten: Spalierbirnen profitieren von der abstrahlenden Wärme der Hauswand.

Ganz unten: Johannisbeeren lassen sich als Hochstämmchen und Busch ziehen.

Die Wahl der Anbauform wird von vielen sicher hauptsächlich von der Größe des Gartens abhängig gemacht. Sie sollten freilich zugleich gestalterischen Bedürfnissen und Empfindungen Gelegenheit zur Mitwirkung geben, neben den rein praktischen Erwägungen.

Eine Obstwiese kann nur in großen Gärten verwirklicht werden. Bei dieser Anbauform stehen die Bäume in lockerem Verband mit einem Abstand von drei bis fünf Metern. Im Hausgarten sind Büsche, Viertel- und Halbstämme mit einer Stammlänge von 50 cm (Büsche) bis 120 cm (Halbstämme) ausreichend. Hochstämme verlangen viele Jahre Geduld, bis sie die ersten Früchte tragen. In den ersten Jahren nach dem Anbau gehört es zur Pflege, die Baumscheibe einen Meter rings um den Obstbaumstamm von Dauerbewuchs weitgehend freizuhalten, um die Baum-Entwicklung nicht zu beeinträchtigen und den Boden zu belüften.

Spalierobst: Es erlaubt uns den Obstanbau auch noch in kleinen Gärten entlang einer Hauswand oder der Umzäunung. Ein weiterer Vorzug besteht in der bequemen Ernte. Wir können sie für gewöhnlich ohne Zuhilfenahme einer Leiter durchführen. Spaliere bieten sich zudem für empfindliche Arten wie Pfirsich oder Aprikosen an, wenn uns die Südwand des Hauses dafür zur Verfügung steht. Der Anbau im Spalier erfordert einiges mehr an Schnittarbeit, die jedoch mit einer gemessen am Platzbedarf üppigen Ernte belohnt wird.

Beerenhecken: Stachelbeeren, Johannisbeeren, Himbeeren und Brombeeren können Sie als Hecke entlang der Grundstücksgrenze oder des Hauptwegs pflanzen. Setzen Sie die Sträucher nicht zu dicht an den Zaun, denn auch die Rücksei-

ten müssen während der Ernte erreichbar sein. Brombeerhecken, vor allem die dornigen, können auch als undurchdringliches Dickicht für fremde Hunde und andere ungebetene Gartenbesucher dienen. Brombeeren und Himbeeren können dicht an die Grenze gesetzt werden (bitte ggf. gesetzlich vorgeschriebene Grenzabstände beachten!).

Hochstämmchen: Johannisbeeren und Stachelbeeren sind als Hochstämmchen (80 cm Stammhöhe) oder Fußstämmchen (40 cm) erhältlich. Es dauert einige Jahre und erfordert sorgfältige Schnittarbeit, bis die Sträucher in voller Kugel dastehen, dann aber sind sie auch sehr schön anzuschauen. So sind sie in Blumenrabatten oder auch im Vorgarten keineswegs fehl am Platz. Die Ernte ist einfach, wir brauchen uns nicht anstrengend zu bücken.

Die Streuobstwiese von meinem Onkel habe ich noch in schönster Erinnerung. Leider sieht man diese „Wiesen“ heutzutage nicht mehr besonders oft.

Süße Erdbeeren

Unten: Erdbeeren ernte ich immer morgens, wenn der Tau von den Blättern abgetrocknet ist und bevor es richtig heiß wird.

Ganz unten: Sobald Erdbeeren blühen, lege ich Stroh unter. Dann bleiben die Früchte trocken und sauber.

Die höchsten Erträge liefern Erdbeeren im zweiten und dritten Jahr ihres Anbaus. Danach werden die Früchte kleiner und weniger. Deswegen macht es Sinn, den Erdbeeranbau mit dem Fruchtwechsel auf unseren Gemüsebeeten zu verbinden. Erdbeeren, die im nächsten Jahr reiche Erträge liefern sollen, dürfen nicht später als im August, besser schon im Juli, gepflanzt werden. Als Vorfrucht bieten sich deshalb frühe Gemüse wie Buschbohnen, Spinat oder Frühkartoffeln an. Pro Beet haben zwei Reihen Erdbeeren Platz. Dazwischen kann noch eine Reihe kleineres Gemüse wie Kohlrabi, Salat oder Möhren unterkommen. In der Mischkultur ist Knoblauch ein passender Partner für Erdbeeren, denn er schützt sie vor Grauschimmelbefall. Stecken Sie die Knoblauchzehen in der Erdbeerreihe zwischen die Pflanzen.

Erdbeeren müssen mit Sorgfalt gepflanzt werden. Bereiten Sie die Beete also gut vor. Lockern, Wurzelwildkräuter entfernen und eine großzügige Portion Reifkompost in den Boden einarbeiten, sind Voraussetzung dafür, daß sich die Pflanzen für einige Jahre mit ihrem Platz zufrieden zeigen. Wenn Sie im Frühjahr das Erdbeerbeet jäten, warten Sie nicht zulange damit. Mit Erdbewegung während der Blüte laufen Sie Gefahr, ein Abfallen von Fruchtknospen herbeizuführen.

Damit die Erdbeeren ihre Kräfte in die Entwicklung ihrer Früchte lenken, sollten Sie überflüssige Ablegerranken entfernen. Das erstemal ist das nach der Ernte erforderlich. Reißen Sie nur bloß nicht an den Ranken, besser ist es, diese mit einer Schere abzuschneiden. Lassen Sie ausschließlich diejenigen Ranken wachsen, die Sie für den Nachwuchs einer neuen Pflanzung benötigen. Ein zweitesmal müssen die Ranken im September entfernt werden. Unnötig ist es, die Blätter abzuschneiden, wie es oft gemacht wird. Entfernen Sie lediglich krankes und braunes Laub. Gesunde Blätter sollen über Winter an der Pflanze verbleiben. Sie schützen so das Herz der Pflanze, in dem sich schon die Blütenanlagen für das nächste Jahr entwickelt haben. Gedüngt wird nicht im Frühjahr, das würde nur überflüssiges Blattwachstum fördern. Düngen Sie nach der Ernte, womit Sie für die nächste Saison Vorsorge treffen. Sie können Jauche nehmen oder noch besser Reifkompost. Dazu ziehen Sie entlang der Erdbeerreihen eine Furche und füllen diese mit Kompost.

Die Erntezeit beginnt Ende Mai, bei späten Sorten bis Anfang Juli. Gehen Sie bei den Erntearbeiten behutsam vor, Erdbeerfrüchte sind ausgesprochen druckempfindlich. Benutzen Sie beide Hände, eine zum Pflücken, die andere, um den Fruchtstiel festzuhalten. Die beste Zeit zum Ernten ist der Vormittag, nachdem die

Für mich erreicht keine Sorte den Geschmack der Walderdbeere.

Unten: Wenn die ersten Früchte reif sind, feiern wir immer ein kleines Erdbeerfest.

Ganz unten: Erdbeeren dürfen nur so tief gepflanzt werden, daß die Herzknospen knapp über der Erdoberfläche zu liegen kommen.

Früchte vom Morgentau getrocknet sind. Sie weisen dann das beste Aroma auf. Nehmen Sie noch ein zweites Gefäß für die schlechten Früchte mit. Wenn Sie diese gleich entfernen, haben es Pilzerkrankungen schwer, sich auszubreiten. Es kommt auch vor, daß uns der Reifegrad zur Ernte drängt, obschon ungemütliches Regenwetter nicht gerade nach draußen lockt. Die dann sehr nassen Früchte sollten Sie in der Küche zum Abtrocknen auf Tüchern ausbreiten und rasch weiterverarbeiten.

Monatserdbeeren

Monatserdbeeren bringen von Juni bis Frostbeginn laufend neue Früchte hervor. Von der Ertragsmenge sollten Sie einen Anbau nicht abhängig machen, er ist tatsächlich nicht nennenswert. Die Beeren sind selten größer als Haselnüsse, bezaubern jedoch mit ihrem herrlichen Walderdbeeraroma. Als Beeteinfassung entlang der Wege sind sie ein reizender Blickfang und locken die Kinder auf Entdeckungsreisen nach den seltenen, kostbaren Früchten. Die Monatserdbeeren bilden keine Ausläufer, sie werden durch Aussaat vermehrt. Sie können die Pflanzen viele Jahre an der gleichen Stelle belassen.

Aromatische Himbeeren

Die Herkunft der Himbeere als Waldrandpflanze hat die ihr eigenen Standortansprüche geprägt: lockerer, humoser, leicht saurer Boden, windgeschützte Lage und sonniger bis halbschattiger Platz. Den Himbeersträuchern geben wir ein Gerüst. Es kann aus zwei Reihen mit Draht verbundenen Pfählen, die in 40 Zentimeter Abstand voneinander stehen, errichtet werden. Alle Wurzelausläufer, die aus dieser Begrenzung ausbrechen, werden entfernt (ausgegraben). Himbeeren werden im Sommer nach der Ernte geschnitten. Dabei lassen wir pro laufenden Meter etwa zehn junge Ruten stehen. Alle anderen und die abgeernteten Ruten werden sorgfältig ebenerdig abgeschnitten. Lassen Sie keine Stummel stehen! Die Früchte sind erntereif, wenn sie sich leicht von ihren Zapfen lösen lassen (im Juli). Leicht überreife Früchte schmecken noch sehr angenehm, sind vor allem für Konfitüren und Saft noch gut zu verwenden. Himbeeren sollten Sie nach der Ernte nicht waschen, man hat sie schnell zerdrückt. Leichtes Abduschen in einem Sieb entfernt den Staub. Grob verschmutzte Früchte werden rausgesammelt. Erwähnenswert sind die zweimaltragenden Sorten. Hier tragen die im Frühjahr erscheinenden Ruten zur Herbstzeit und im darauffolgenden Sommer, anschließend werden sie abgeschnitten. Wenn Ihr Garten von späten Frösten bedroht ist, sollten Sie sich späte Sorten zulegen, Himbeerblüten sind höchst frostempfindlich.

Weil die Himbeere sehr auf die Bodenbeschaffenheit anspricht, sollten wir ihr und uns Gutes tun und unter die Pflanzung Klee oder blühende Pflanzen wie Vergißmeinnicht und Ringelblume säen. Sie halten den Boden bedeckt und sorgen für die gewünschte Lockerheit, ohne den Beeren die Nährstoffe streitig zu machen.

Rechts: die beliebte altbekannte Himbeersorte 'Schönemann' ist sonnenhungrig und aromatisch.

Ganz rechts: Die unempfindliche Himbeersorte 'Zeva 1' ist für rauhe Lagen ideal.

Brombeeren mag ich persönlich sehr gerne, auch wenn Pflege und Ernte bei den Sorten mit Dornen nicht immer ganz unproblematisch sind.

Schöne Brombeeren

Brombeeren werden sinnvollerweise am Spalier gezogen. Sie müssen die Pflanzen regelmäßig beschneiden und außerdem verhindern, daß die Pflanze durch ihren Vermehrungsdrang ihr Quartier verläßt.

Brombeeren haben die gleichen Ansprüche wie Himbeeren, bevorzugen jedoch eher kalkhaltigen als sauren Boden. Den meisten Brombeeren wachsen mehr oder weniger lange Ranken, die an Gerüsten gebändigt werden müssen. Hierzu müssen Sie die Ranken entlang der Drähte immer wieder festbinden. Brombeeren neigen leicht zu wucherndem Wachstum und sollten deshalb zweimal jährlich geschnitten werden. Im Winter müssen Sie die abgetragenen Ruten der letzten Saison entfernen und die jungen Ruten für die nächste Ernte festbinden; ein Winterschutz ist sinnvoll. Im Sommer nehmen Sie einen gründlichen Schnitt vor, mit dem Sie alles entfernen, was zuviel ist. Pro Pflanze reicht es, jeweils etwa fünf junge Ruten stehenzulassen. An reifen Brombeeren können wir uns ab August erfreuen und nun bis in den Herbst hinein weiterernten. Geben Sie sich aber nur mit den vollreifen Früchten, den tiefschwarzen, zufrieden. Erst diese besitzen den ganzen Geschmack und sind nicht nur sauer.

Um dem Gärtner die Arbeit zu erleichtern, haben die Züchter der Natur dornenfreie Brombeeren abgerungen. Es heißt, diese würden geschmacklich nicht so überzeugend sein. Na, wer weiß, vielleicht ist das nur ein hartnäckiges Gerücht.

Rote Johannisbeeren (rechts) lassen sich roh besser naschen als schwarze (ganz rechts).

Dankbare Johannisbeeren

Gerade mit den roten und weißen Johannisbeeren besitzen wir ein problemloses Beerenobst mit vielseitigen Möglichkeiten seiner Verwendung. Etwas anspruchsvoller, besonders was die Sicherstellung mit ausreichender Feuchtigkeit angeht, sind die schwarzen Johannisbeeren. Die Wurzeln der Johannisbeeren befinden sich sehr flach unter der Erde. Umgraben und Hacken scheiden zur Bodenlockerung deswegen aus. Mulchen Sie also den Boden unter den Büschen, so erhalten Sie gleichfalls die Bodenfeuchtigkeit.

Manch einer von Ihnen, liebe Leser, liebe Leserinnen, wird noch das mühsame Pflücken der schwarzen Johannisbeere in Erinnerung haben. Glücklicherweise gibt es inzwischen Sorten, die nicht nur ein oder zwei, sondern wenigstens acht Früchte an jeder Traube haben. Rote und weiße Johannisbeeren können Sie übrigens als Stämmchenform erhalten. Sie fügen sich dergestalt wunderbar in die Blumenrabatten oder auch in den Vorgarten ein. Sie müssen sich bei den schwarzen Johannisbeeren ein wenig sputen, wenn diese ihre Reife erreicht haben. Also rasch gepflückt, sonst werden die Früchte matschig weich. Von der Handhabung her ist es sinnvoll, beim Ernten mit einer Hand die Zweige festzuhalten, die andere übernimmt die Pflückarbeit.

Rechts: Nach der Pflanzung beläßt man bei der Johannisbeere fünf bis sechs Triebe, die um etwa die Hälfte eingekürzt werden.

Anspruchslose Stachelbeeren

In den Hausgärten werden wir der Stachelbeere nicht übermäßig oft begegnen. Mit dieser offenbar ein bißchen vernachlässigten Frucht haben wir ein anspruchsloses Gewächs: Normaler Gartenboden, eher kalkhaltig, stellt die Stachelbeere bereits zufrieden. Ein Platz im Halbschatten ist ideal, denn die Früchte bekommen in der Sonne leicht häßliche Flecken. Die praktischsten Anbauformen sind uns in Fuß- oder Hochstämmchen gegeben, von diesen lassen sich die Früchte relativ leicht pflücken. Die Zweige mit den reifen Früchten hängen wegen der Fruchtschwere leicht herunter, wir sollten sie deswegen bei den Stämmchenformen stützen. Um den Stacheln beim Pflücken zu entgehen, biegen Sie die Zweige, diese an der Spitze haltend, hoch. Die Erntezeit beginnt bei den frühen Sorten im Juni und sie reicht bei den späten Sorten bis Ende Juli.

Oben: Weiße Johannisbeeren können ruhig ein, zwei Tage länger am Strauch hängen bleiben.

Auch Stachelbeeren verwildern leicht und müssen deshalb regelmäßig geschnitten werden. Lassen Sie dabei nicht mehr als zehn Äste pro Strauch stehen und kürzen Sie alle Zweige und Triebspitzen um ein Drittel ein.

Stachelbeeren sind bei uns wohl die einzigen Früchte, die auch unreif geerntet werden. Pflücken Sie die Beeren, wenn sie noch klein sind, dann sind sie nicht so sauer wie unreife ausgewachsene Früchte. Die unreifen Früchte sind für die Weiterverarbeitung zu Marmelade und Kompott gedacht. Saft und Most dagegen gewinnen wir aus den vollaromatischen reifen Früchten.

Die roten Stachelbeeren mögen meine Enkelkinder lieber als die grünen.

Ganz oben: Die Apfelernte ist gekommen, wenn sich die Frucht bei leichtem Drehen vom Zweig löst.

Oben: Fallobst darf nicht eingelagert werden. Ich backe daraus leckeren Apfelkuchen oder mache frisches Apfelmus.

Knackige Äpfel

Der Apfel – um diese Frucht ranken sich Geschichten, ja man könnte meinen, von Beginn der Welt an. Diese Urfrucht ist einfach gar nicht aus unserem Obstgarten wegzudenken; und es spricht viel dafür, sie im eigenen Garten zu beheimaten. Das immense Sortenangebot etwa ermöglicht es uns bei einer durchdachten Zusammenstellung, dieses Obst fast das ganze Jahr über frisch zu genießen. Angefangen von den frühen Sorten, die Ende Juli bis August reifen, bis hin zu den ausgesprochenen Lagersorten, die, gut gelagert, bis in den Juni hinein haltbar sind, reicht die Auswahl.

Nun möchte ich Ihnen einiges zur Apfelbaumpflege mitteilen, damit Sie eine Vorstellung darüber gewinnen, welcher Arbeitsaufwand erforderlich ist, um gesunde, wohlschmeckende Früchte zu ernten. Wenn Sie über die gegebenen Hinweise hinaus Genaueres zu Einzelheiten erfahren möchten, beispielsweise über die erforderlichen Schnittmaßnahmen, möchte ich Ihnen die Lektüre eines guten Ratgebers nahelegen. Sicher steht Ihnen auch Ihre Baumschule bei Fragen zur Seite.

Wählen Sie für die späten Lagersorten sonnige Standorte aus. Frühe Sorten gedeihen auch noch im Schatten und gelangen, mit einiger Verzögerung, sogar noch an der Nordseite des Hauses zur Reife.

Schon vor dem Kauf sollten Sie sich entscheiden, ob der Baum am Spalier oder frei stehen soll. Für Spaliere nämlich bieten die Baumschulen speziell vorbereitete Pflanzen mit vielen Seitentrieben an. Die Veredelungsstelle erkennen Sie an einer Verdickung am Stamm. Eine beachtenswerte Pflanzregel besagt, daß sie sich nach dem Einpflanzen ungefähr eine Handbreit über der Erdoberfläche befinden muß. Apfelbäume verlangen regelmäßigen, fachgerechten Schnitt. Sinn und Ziel aller Schnittarbeiten ist es stets, die Krone so zu lichten, daß überall genügend Sonnenlicht hingelangen kann beziehungsweise die Kronenmitte vergleichsweise sparsam von Ästen durchwachsen ist. Desweiteren soll mit den Schnittmaßnahmen die Fruchtholzbildung in besonderem Maße angeregt werden.

Die Sorten verhalten sich sehr unterschiedlich im Hinblick auf ihre Anfälligkeit für Krankheiten, es gibt aber Sorten, die weitgehend von Pilzerkrankungen verschont bleiben, auch in feuchten Jahren. Ihre Baumschule berät Sie hierzu. Haben Sie empfindliche Sorten, so können Sie schon viel für Ihre Apfelbäume tun, indem Sie diese vorbeugend kräftigen, beispielsweise mit Schachtelhalmspritzungen. Auch ausreichende Düngung beugt vor, ebenso wie die Bepflanzung der Baumscheibe mit Kapuzinerkresse oder Meerrettich. Krankes Laub und kranke oder wurmstichige Früchte dürfen Sie nicht unter den Bäumen liegenlassen. Die Folge wäre, daß der Schädlingsbefall im nächsten Jahr aller Voraussicht nach noch größeren Schaden anrichten würde. Gegen Wurmbefall oder den gefräßigen Frostspanner gibt es Fanggürtel im Gartenhandel.

Apfelernte bedeutet so manche „Überstunde" in Küche und Keller.

Unten: Apfelsorte 'Goldparmäne'.

Mitte unten: 'Berlepsch'

Ganz unten: Alte Apfelsorte 'Ontario'

Empfehlenswerte Apfelsorten

Sortenname	erntereif	genußreif	Bemerkungen
'Alkmene'	A 9	M 9–12	feinsäuerlich, knackig
'Berlepsch'	M 10	11–3	edles Aroma
'Boskoop'	M 9	12–4	kräftig säuerlicher Geschmack
'Cox Orange Renette'	M 9	10–3	eine meiner Lieblingssorten, da sehr aromatisch
'Danziger Kantapfel'	10	11–1	säuerlichsüßlich, erfrischend
'Geheimrat Dr. Oldenburg'	M 9	9–11	süßsäuerlich
'Gloster'	10	12–2	mild säuerlich, saftig
'Goldparmäne'	M 9	10–1	süßfeinsäuerlich, nußartiges Aroma
'Gravensteiner'	E 8	9–11	saftig, würzig
'Ingrid Marie'	M 9	9–1	feinsäuerlich
'Jakob Fischer'	E 8	9–11	süßfeinsäuerlich
'Jakob Lebel'	9	10–12	säuerlich, sehr saftig
'James Grieve'	E 8	9–E 10	süßsäuerlich, saftig
'Jonathan'	10	12–4	säuerlich, angenehmes Aroma
'Kaiser Wilhelm'	M 10	1–3	fruchtig, würzig
'Landsberger Renette'	9	11–2	schwach fruchtig
'McIntosh'	M 9	M 9–12	säuerlichsüß, zartes Aroma
'Ontario'	E 10	12–3	erfrischend, sehr saftig
'Rheinischer Bohnapfel'	10	11–4	säuerlich, leichtes Aroma
'Rote Sternrenette'	10	10–12	süßsäuerlich, leicht parfümiert
'Weißer Klarapfel'	M 8	A 9	erfrischender Geschmack

A = Anfang, M = Mitte, E = Ende; die Zahlen sind der Monat

Schmackhafte Birnen

Manchem besitzt die wohl bekannteste Sorte 'Williams Christ' mit ihrem muskatartigen Aroma als Frischobst einen zu durchdringenden Geschmack. Als Einmachfrucht erweist sie sich aber doch als die Sorte erster Wahl, und die echte „Birne Helene" wird immer mit dieser Sorte zubereitet.

Für den Umgang mit Birnbäumen gelten die gleichen Grundsätze wie für den mit Apfelbäumen. Die Birne unterscheidet sich vom Apfel jedoch deutlich hinsichtlich ihres Bedürfnisses nach Wärme. Der Boden darf nicht zu schwer sein, damit im Frühjahr die nötige Wärme rasch entsteht. Birnen, die auf einer Sämlingsunterlage veredelt sind, vertragen Trockenheit recht gut, weil die Wurzeln tief ins Erdreich gelangen. Birnen, die auf Quitte veredelt sind, besitzen auch deren Ansprüche (siehe Seite 70).

Wenn Sie sich Birnenobst in den Garten holen möchten, wählen Sie dafür auf jeden Fall einen sonnigen Standort und eine windgeschützte Lage. Im Hausgarten sind kleinere Birnenformen besser, weil die Früchte an ihnen wesentlich schöner heranreifen. Haben Sie sich für den Spalieranbau entschieden, plazieren Sie die Bäume möglichst an der Süd- oder Südwestseite Ihres Hauses. Wenn Sie das Birnenspalier auf dem Foto betrachten, fällt Ihnen die Absicht der Schnittarbeit deutlich auf: Mit dem Schnitt erhalten wir lange Leitäste, die am Spalier befestigt werden, sowie das erwünschte kurze Fruchtholz. So erreicht die heranwachsenden Früchte der volle Sonnenschein; die Wand strahlt über Nacht diese gespeicherte Wärme wieder ab. Die Gesunderhaltung betreffend dürfen wir Äpfel und Birnen wiederum miteinander vergleichen.

Links: wohlschmeckende alte Birnensorte 'Gute Luise'

Ganz links: Die Sorte 'Herzogin Elsa' verarbeite ich gleich nach der Ernte.

Empfehlenswerte Birnensorten

Sortenname	erntereif	genußreif	Bemerkungen
'Alexander Lucas'	A 10	11–12	süß, saftig
'Birne von Tongern'	9	10	süß, saftig, würzig
'Boscs Flaschenbirne'	9–10	10–11	süß, saftig, würzig
'Clapps Liebling'	8	8–9	würzig
'Conference'	9–10	10–11	süßsäuerlich, saftig, würzig
'Frühe aus Trevoux'	M 8	8–9	süßsäuerlich, saftig, würzig
'Gellerts Butterbirne'	9	9–10	süßsäuerlich, saftig
'Gute Luise'	M 9	9–10	süß, würzig
'Herzogin Elsa'	M 9–10	9–10	süßsäuerlich, saftig
'Köstliche von Charneu'	10	10–11	süß, leicht säuerlich, fein würzig
'Madame Verté'	10	10–12	süßlich, weinsäuerlich
'Pastorenbirne'	9	9–10	leicht süßlich, aromatisch
'Vereinsdechantbirne'	10	11–12	edler Geschmack

A = Anfang, M = Mitte, E = Ende; die Zahlen sind der Monat

Quitten sind herrliche Blütenbäume, die Früchte hüllen den gesamten Umkreis in einen zarten Duft ein. Nach der Fruchtform unterscheidet man Apfelquitten (unten) und Birnenquitten (ganz unten).

Duftende Quitten

Vielleicht halten Sie es für übertrieben ausgedrückt, für die Freunde von Einmachspezialitäten festzustellen, Quittenobst sei unerläßlich für sie. Quitten sind in der Tat roh nicht genießbar, als Einmachfrüchte jedoch sind sie sehr vielseitig verwendbar und können zur Geschmacksverbesserung allerlei Säften oder Most dazugegeben werden. Die Quittenbäume sind auch als Ziergehölz eine schöne Bereicherung. Es fängt mit der prächtigen Blüte im Frühjahr an. Später sind es die Früchte, die uns in freundlichstem Gelb entgegenleuchten. Quitten sind recht anspruchslos, nur brauchen sie einen sonnigen Standort und durchlässigen Boden. Kalkreichen Boden oder Staunässe vertragen sie allerdings nicht. Nach der Ernte, die je nach Sorte im September bis November liegt, geben wir den Früchten noch 14 Tage Zeit zum Nachreifen, erst dann haben sie ihr volles Aroma entwickelt. Sicher, in Zeiten allgegenwärtiger Wohlgerüche mag es allzu sentimental, ja sehr nostalgisch daherkommen, sich auf Bräuche zu besinnen, die in eine andere, vergangene Welt zu gehören scheinen. Dennoch sei mir eine Bemerkung erlaubt: Wir haben die Quittenfrüchte in unsere Wäschetruhen gelegt, wo sie die Wäsche mit ihrem herrlichen Duft durchzogen.

Die fast schwarzen Süßkirschsorten sind besonders süß, hier die 'Schwarze Königin'.

Links: Steht der Kirschbaum nahe am Haus, lassen sich kirschenstehlende Vögel leichter vertreiben.

Beliebte Süßkirschen

Süßkirschen sind der Inbegriff von Frucht, die frisch vom Baum in den Mund kommt. Richtig ausgereift, sind sie ein Wunder an Saftigkeit und Süße. Zu Kompott, Marmelade oder Saft verarbeitet neigen wir jedoch dazu, ihren Geschmack leicht wäßrig zu empfinden. Süßkirschen brauchen lockere, tiefgründige Böden mit ausreichend Feuchtigkeit, allerdings ohne Staunässe. Sie sind auf eine andere Befruchtersorte angewiesen. Ein Abstand von einigen hundert Metern zum nächsten Baum reicht freilich, um die Befruchtung zu gewährleisten. Frühe Sorten sind nur für mildes Klima geeignet. Es gibt Süßkirschen mit roten, fast schwarzen und gelben bis orangefarbenen Früchten, die geschmacklich unterschiedlich sind. Wegen je unterschiedlicher Sortenmerkmale, die wichtig bei der Auswahl für den eigenen Anbau sein könnten, machen Sie sich bitte in der Baumschule kundig.

Pflegeleichte Sauerkirschen

Sie zeigen sich anspruchsloser im Anbau als Süßkirschen, und ihre Blüte verträgt noch –1 °C, ohne Schaden zu nehmen. Sie gedeihen auch im Schatten noch befriedigend, worauf der Sortenname 'Schattenmorelle' schon hinweist, obwohl wir uns bei so plazierten auch mit weniger Erträgen zufriedengeben müssen. Wenn wir nicht unbedingt auf Höchsterträge erpicht sind, können wir Sauerkirschen sogar an einem Spalier an der Nordwand des Hauses ziehen. Sauerkirschen verlangen keine besonders auf sie abgestimmten Bodenverhältnisse, sie wachsen sogar noch auf mageren Böden. Angewiesen sind sie lediglich auf gute Bodendurchlässigkeit.

Etliche Sauerkirschensorten sind anfällig für Monilia (Spitzendürre). Diese Krankheit sollten Sie sehr ernst nehmen, sie kann Ihnen den ganzen Baum vernichten, wenn ihr nicht frühzeitig durch großzügigen Rückschnitt der kranken Zweige bis ins gesunde Holz energisch Einhalt geboten wird.

Sauerkirschen tragen ihre Früchte an den einjährigen Trieben. Schneiden Sie alle Zweigenden nach der Ernte um ein Drittel zurück, der Neuaustrieb trägt im nächsten Jahr Früchte. Ansonsten müssen Sauerkirschen nur ausgelichtet werden. Einige Sorten sind selbstunfruchtbar. Um keine Enttäuschung wegen ausgefallener Ernte zu erleben, müßten Sie sich an selbstbefruchtende Sorten halten oder gleich mehrere Sorten anpflanzen. Auch da wird Ihnen ein Beratungsgespräch mit der Baumschule weiterhelfen.

Sauerkirschen schmecken frisch vom Baum fast bitter, sind aber zum Weiterverarbeiten geschmacklich viel interessanter als Süßkirschen. Saft, Konfitüre oder anderes aus Sauerkirschen Gewonnenes stellen die süßen Sorten ohne Frage in den Schatten.

Oben: das Blütenmeer der Kirschbäume

Rechts: die wohl bekannteste Sauerkirschsorte 'Schattenmorelle'

Ganz rechts: Sauerkirschsorte 'Morellenfeuer'

Pflaumen & Co.

Zur Familie der Pflaumen gehören viele Früchte: Nicht nur die kleinen Zwetschen ebenso die großen runden Renekloden und die kleinen gelben Mirabellen zählen dazu. Die meisten Pflaumensorten sind recht bescheiden, was ihre Wünsche an den Standort angeht. Selbst mit höheren Lagen kommen etliche Sorten noch zurecht. Am robustesten sind die Zwetschen, nur allzuviel Nässe vertragen sie nicht. Die Bäume dieser Obstfamilie werden mittelgroß, selten höher als vier Meter. Viele Sorten haben das Bestreben, recht steil in die Höhe zu wachsen, und es ist nicht nötig, sie daran zu hindern. Schnittarbeiten müssen Sie nur zum Auslichten durchführen, die sind bei einigen starkwüchsigen Sorten allerdings regelmäßig erforderlich. Auslichtungsschnitte werden eventuell auch einmal notwendig, wenn sehr starker Frost Schäden am Holz angerichtet hat. Andere Schnittarbeiten an Pflaumen sind im Hausgarten nicht nötig.

Es ist kaum zu glauben, daß die süße Pflaume die saure Schlehe zum Vorfahren hat (hier Sorte 'Bühler Hauszwetschge').

Die Zwetschen, besonders die 'Hauszwetschge' mit ihrem aromatischen festen Fleisch, sind die beste Sortenwahl, wenn Sie Pflaumenmus machen möchten. Als Ausweichsorte für überaus rauhe Lagen können Sie die Sorte 'Wangenheim' pflanzen. Wenn Sie gerne Trockenpflaumen essen, empfehle ich Ihnen neben den Zwetschen die blaue 'Kirkespflaume'. Andere Pflaumensorten sind zum Einkochen durchaus geeignet; nur hat jeder so seine Vorlieben, und meinem Geschmack nach sind die meisten Sorten zu wenig aromatisch. Ich greife da lieber zu Renekloden oder Mirabellen. Pflaumen nehme ich hauptsächlich zum Frischessen.

Renekloden sind äußerlich nicht immer eindeutig von den großen, runden Pflaumensorten zu unterscheiden. Denn auch bei den Renekloden finden wir gelbe und eher violette Sorten. Am ehesten läßt sich noch sagen, daß die Renekloden eben nicht nur süß und saftig sind, sondern daß sie daneben noch mit einem speziellen Aroma ausgestattet sind. Geben Sie den Renekloden einen warmen Standort, dort entwickeln sich die Früchte am schönsten.

Die Mirabelle ist die kleine Schwester in der Familie der Pflaumen. Ihr klangvoller Name verspricht Liebliches, und fürwahr, sie betört, ist süß und voller Aroma. Schenken Sie der Mirabelle im Garten einen geschützten Standort, das kommt ihrem etwas empfindlichen Wesen zugute. Wir hatten früher die 'Mirabelle von Metz' im Garten, sie ist sehr zuckerreich, trägt jedoch sehr kleine Früchte. Großfrüchtiger ist die 'Mirabelle von Nancy', sie reift etwas später und besitzt weniger Süße.

Viele Pflaumensorten sind selbstfruchtbar, sie sind auf keine Befruchtersorte angewiesen. Die Ernte fällt allerdings mit einem zweiten Baum zur Befruchtung meist üppiger aus. Ein lästiger Schädling ist die Pflaumenmade. Die von ihr aufgesuchten Früchte fallen vorzeitig vom Baum. Sammeln Sie diese regelmäßig auf. Das dämmt den Befall, der für die nächste Saison droht, ein. Inzwischen gibt es wirksame biologische Bekämpfungsmittel, über die man Ihnen mehr im Fachhandel sagen wird.

Die Mirabelle – hier die beliebte Sorte 'Mirabelle von Nancy' ist ein (fast) regelmäßiger Massenträger. Mir ist das recht, denn ich liebe Kompott und Marmelade aus dieser Frucht.

Mirabellen und Pflaumen sind auch heute noch verbreitet, Renekloden dagegen weniger. Bei uns gab es noch gelbe und grüne Renekloden im Garten.

Saftige Pfirsiche

Es gibt weißfleischige Pfirsichsorten, rotfleischige und die gelbfleischigen. Letztere sind es aber gerade, bei denen die Früchte in zur Austriebszeit feuchten Jahren oftmals von der gefürchteten Kräuselkrankheit befallen werden. Und wenn sich die Triebspitzen erst einmal kräuseln und die Blätter wuchern, ist die Ernte restlos verloren, der Baum wirft alles ab.

Der Anbau von Pfirsichen lohnt sich aber trotzdem, denn die hart gepflückten Sorten, die Sie auf dem Markt bekommen, reifen eben nicht so nach, daß sich ihr Aroma wirklich vollständig entwickeln kann. Wer mit dem Risiko selbst eines totalen Ernteausfalls leben kann, sollte sich folglich keineswegs vom Pfirsichanbau abhalten lassen; die nicht alltägliche Köstlichkeit entschädigt ihn dafür.

Pfirsiche brauchen Wärme und mildes Klima. Im Garten sind sie am Spalier an der Südwand am besten untergebracht. Mein Vater hatte die Mauer hinter dem Spalier schwarz gestrichen, so daß die Sonnenwärme von den Steinen hervorragend gespeichert werden konnte. Zweierlei erreichen wir mit dieser Maßnahme: Die Sonnenkraft wird von dem dunklen Grund bestmöglich als Wärme aufgenommen und gespeichert. Außerdem sorgt die gegenüber helleren Flächen intensiver und damit auch längerfristig gespeicherte Wärme für einen ausgeglicheneren Wärmehaushalt beim Tag-Nacht-Wechsel. Für den Spalierschnitt gilt: lange Leitäste und kurzes Fruchtholz. Weil Pfirsiche am Vorjahrestrieb Früchte tragen, müssen die Zweige nach der Ernte weit zurückgeschnitten werden. Pfirsichbäume sind frostempfindlich, und entstehende Frostschäden am Holz sollten immer ausgeschnitten werden.

Ein Hinweis zur Sortenwahl: Späte Pfirsichsorten – also die, die ab Mitte August reif werden – sind leichter steinlösend als die frühen. Zum Einmachen ist das natürlich ganz hilfreich. Die glattschaligen Nektarinen weisen übrigens mehr Süße auf.

Pfirsiche lassen sich am Spalier ziehen. Die Wärme läßt die Früchte süßer werden.

Aprikosen anzubauen, ist nicht ganz einfach.

Empfindliche Aprikosen

Die Aprikose ist noch etwas empfindlicher als der Pfirsich, denn oft erfriert die schon im März erscheinende Blüte. Für die in nicht so milden Regionen lebenden Gärtner gilt deswegen der Rat, der Aprikose den besten Standort im Garten vorzubehalten. Gut geschützt in einer südwestlich gelegenen Mauernische, wächst sie auch außerhalb der Weinbaugebiete. Günstig ist auch der Anbau am Spalier. Wenn Sie ganz sichergehen wollen, müssen Sie Ihren geliebten Aprikosenbaum überdachen.

Die Sorten 'Luizet', 'Ungarische Beste' und 'Nancy Aprikose' sind nicht außerordentlich kälteempfindlich. Aprikosen verlangen besten Gartenboden, das heißt eher sandige Böden mit hohem Humusgehalt. Wenn Ihr Grundstück zu Staunässe neigt, bereiten Sie der Aprikose ein großes Pflanzloch (2 m Durchmesser, 1,5 m Tiefe) vor. Zuunterst kommt eine Kiesschicht, und die Pflanzerde lockern Sie mit Sand und Kompost auf. Weil wir die Aprikosenbäume an Südwänden stehen haben, sind sie für die ersten spätwinterlichen Sonnenstrahlen erreichbar, was durchaus schädigend wirken kann. Gegen zu frühe Sonne, die den Saftfluß anregen könnte, in einer Jahreszeit, in der die grünen Spitzen unweigerlich erfrieren würden, hilft ein Stamm- und Astanstrich mit Kalk. Das klingt nach ziemlich viel Arbeit. Aber spätestens wenn Sie die ersten Aprikosen aus eigener Ernte verzehren, wissen Sie sich für den ganzen Aufwand reich belohnt.

Nahrhafte Nüsse

Zu meiner Zeit wurden Walnußbäume oft als Hausbaum in den Hof gepflanzt. Walnußbäume selber haben Mühe mit dem Anwachsen. Es braucht einige Zeit, bis sie von alleine standfest sind. Deswegen müssen wir ihren Wurzeln beim Einpflanzen gleich guten Bodenkontakt verschaffen. Schlämmen Sie die Erde im Pflanzloch gehörig ein, und binden Sie den Baum an einem stabilen Pfahl fest. Mehrmaliges gründliches Wässern in der ersten Zeit ist nun nötig. Die Standortansprüche der Walnuß sind an sich gering. Allerdings verringert ein trockener Boden die Ernte, und feuchtes Klima macht sie anfällig für Pilze und Bakterien.

Wenn wir uns für einen Haselnußstrauch entscheiden, wollen wir natürlich auch dessen leckere Früchte ernten. Damit das klappt, müssen wenigstens drei verschiedene Sorten gepflanzt werden. Die Fruchtbarkeit leidet außerdem, wenn ungünstige, das heißt dunkle und windige Standorte ausgesucht wurden.

Früher ging mit der Nußernte der Spruch einher: In Jahren mit vielen Nüssen gibt es viele Buben.

Frische Walnußkerne lassen sich leicht häuten und schmecken dann nicht so bitter.

Rechts: Über eine reiche Ernte haben wir uns immer besonders gefreut.

Zur Erntezeit waren wir bei schönem Wetter alle Tage zusammen draußen bei der Arbeit. Ich habe diese Zeiten in besonders guter Erinnerung.

Erntezeit – schönste Zeit

Im Juni wird mit den frühen Kirschen die jährliche Obsternte eingeläutet, im November endet sie mit den Lagersorten von Äpfeln und Birnen. Der Reifegrad der Früchte läßt sich oftmals an ihrer Löslichkeit ablesen. Drehen Sie die Früchte leicht; sobald sie sich gleich lösen, ist der richtige Reifegrad erreicht. Das gilt für Äpfel, Birnen, Quitten, Pfirsiche, Aprikosen und die meisten Pflaumen. Zwetschen bieten ihr bestes Aroma, wenn die Schale am Stielansatz runzlig wird. Bei den Kirschen ist die Farbe sehr aussagekräftig. Je dunkler, desto weiter fortgeschritten ist die Reife. Bei einigen Sorten würden wir freilich vergeblich darauf warten, daß sie tiefdunkel, fast schwarz werden.

Die an den oberen und äußeren Zweigen hängenden Früchte sind als erste reif. Am besten richten Sie sich auf ein zweimaliges Durchpflücken ein, auch bei Äpfeln und Birnen. Denn ist ein Teil der Früchte erst einmal runter, kommen den restlichen die Baumkräfte verstärkt zugute, und sie können noch richtig ausreifen.

Je nach weiterer Verwendung des Obstes müssen Sie mehr oder weniger schonend vorgehen. Alles, was Sie gleich mit in die Küche nehmen, darf etwas grober angefaßt werden. Alle Pflaumenarten können Sie sogar von den Bäumen schütteln. Legen Sie einige alte Bettlaken unter die Bäume und rütteln Sie ordentlich an den Ästen. Für den Früchtetransport vom Garten in die Küche brauchen Sie dann nur die Tücher an den Ecken zusammenzuraffen.

Lagerobst – selbst solches, das Sie lediglich einige Wochen aufzubewahren gedenken – sollten Sie tatsächlich lieber Stück für Stück pflücken und einzeln behutsam in die vorgesehenen Körbe oder Kisten legen. Wenn Sie für die Ernte auf Leitern steigen müssen, hängen Sie sich besser einen Beutel um, an den Sie gut gelangen können, um das Obst zu verstauen. So schaukelt nichts hin und her wie bei einem Eimer.

Wir haben viel Zeit und Liebe, auch Kraft und Mühe für unsere Gartenwelt gegeben, für jede einzelne Pflanze waren wir da. Es ist wie ein großer beidseitiger Dank, der uns bei der Ernte mit dieser Welt noch einmal ganz intensiv verbindet.

Ins Lager dürfen nur einwandfreie Früchte. Alle anderen verbrauchen wir innerhalb von wenigen Tagen.

Obst, das eingelagert werden soll, muß ganz trocken sein.

Haltbar mache

Wir gehen nun von draußen hinein in die Küche, in Speisekammer und Lagerraum. Nach unserem Schaffensdrang im Garten gilt es, die erworbenen Früchte für den Verzehr herzurichten. Vieles wird frisch aus der Natur auf den Tisch gezaubert. Anderes wird weiterverarbeitet und verwandelt sich unter unseren Händen zu lauter Köstlichkeiten, wie sie eben nur uns Menschen als Nahrung gegeben sein kann. Und ein gut Teil wandert schließlich, behutsam und richtig behandelt, in seine Lagerstatt, von wo wir es bei Bedarf und nach Verlangen hervorholen und genießen können.

Meine Enkelkinder essen besonders gerne den Schaum von der ersten Marmelade auf frischen Brötchen.

n in Haus und Küche

Chinakohl hält sich erstaunlich lange, wenn er einfach samt Wurzel kopfüber in einem kühlen Lagerraum aufgehängt wird.

Einlagern im Haus

Für die Lagerung suchen wir uns kühle Räume aus, sie müssen jedoch frostfrei sein. Die Luftfeuchtigkeit soll bei wenigstens 80%, besser 90% liegen. Zu feuchte Räume, mit einer Luftfeuchtigkeit über 95%, lassen Ihr Lagergut verfaulen. Zu trockene Räume andererseits entziehen ihm förmlich den kostbaren Saft, lassen es verwelken und einschrumpfen. Finden Sie in dieser Hinsicht keine ganz befriedigenden Voraussetzungen in Ihrem Wohnhaus vor, so versuchen Sie diese herzustellen, indem Sie große Gefäße mit Salz in den vorgesehenen Raum stellen, um zu entfeuchten. Gesättigtes Salz trocknen Sie dann im Heizungskeller, um es später wieder zum Trocknen verwenden zu können. Mit wassergefüllten Gefäßen erreichen Sie Gegenteiliges; womöglich reichen diese Maßnahmen dann aus, die sichere Lagerung zu bewerkstelligen. Wer bedeutende Mengen einlagert, dem rate ich, die Ausgabe für ein verläßliches Gerät nicht zu scheuen, das stets Auskunft über Temperatur und Feuchtigkeit im Lagerraum gibt.

Kohl lagert bei mir in einer Kiste mit Sand in einem kühlen Raum.

Die jeweils richtigen Lagertemperaturen liegen unterschiedlich hoch, in der Regel zwischen 1 und 5 °C. Dringend geboten ist, daß Sie Ihre Lagerstätten gut lüften können, denn in muffiger Luft hält sich nichts lange. Der Keller, so werden Sie vielleicht selbst feststellen, ist wegen der aufgezählten Anforderungen nicht immer der beste Lagerplatz. Ein unbeheizter Nebenraum, ein Gartenhäuschen, das bei strengen Frösten etwas gewärmt werden kann, Gewächshäuser oder eine saubere, leerstehende Garage sind oft der bessere Lagerraum.

Nach Möglichkeit sollten Sie das Obst und Gemüse getrennt lagern. Steht Ihnen lediglich ein Raum zur Verfügung, können Sie sich mit verschließbaren Tonnen oder Kisten behelfen, in die vor allem Obst prima eingelagert werden kann. Vor Beginn der Lagerung sollten Sie die vorgesehenen Räumlichkeiten gründlich reinigen. Tun Sie dies gleichfalls mit den Lagergefäßen, den Regalen usw. Eine die Ausbreitung von Schimmel vorbeugende Maßnahme besteht für uns heutzutage darin, die Regale, Wände und Gefäße mit Sodawasser (drei bis vier Eßlöffel Soda auf einen kleinen Eimer) abzubürsten. Was sich ohne allzu große Mühen bewegen läßt, setzen Sie anschließend zum Trocknen der Sonne aus.

Alle Gemüse halten sich länger, wenn der Sand in den Kisten leicht feucht gehalten wird. Dazu eignet sich wunderbar eine Blumenspritze, mit der Sie ab und zu nachfeuchten. Besitzen Sie keine Blumenspritze? So machen Sie es sich ganz einfach und decken die Kisten mit einem feuchten Tuch ab.

Dasjenige Gemüse, das Sie zur Einlagerung bestimmt haben, sollte solange wie möglich auf den Beeten gestanden haben. Das gilt für Kohlköpfe und Wurzelgemüse. Je gründlicher sie auszureifen vermochten, desto besser halten sie sich später. Allerdings dürfen Sie es wiederum nicht übertreiben und zu lange mit der Ernte warten, denn Frostschäden beeinträchtigen die Haltbarkeit erheblich. Und ausschließlich für gesundes unbeschädigtes Obst und Gemüse lohnt sich eine längere Lagerung.

Links: Endivien kommt mit den Wurzeln nach unten in Sand ins kühle Lager.

Kohl- und Blattgemüse im Winterlager

Kopfkohl: Achten Sie beim Ernten darauf, daß der Strunk vollständig erhalten bleibt. Haben Sie vor, den Kohl in Kisten zu lagern, sollte auch die Wurzel dranbleiben. Die äußeren Blätter entfernen Sie, so daß nur der Kopf übrigbleibt. Nun kommt es darauf an, für welche Methode Sie sich entschieden haben: Entweder hängen Sie den wurzellosen Kohl an seinen Strünken auf, oder Sie setzen die ganze Pflanze mit Wurzeln und Strunk in die Sandkisten.

Kohlrabi und Blumenkohl: Er hält sich einige Wochen, wenn er mit der

Einen Zwiebelzopf flechten

Rechts: Lauch, Möhren und Sellerie lassen sich gut in Sand in einer Kiste lagern.

Wurzel in Sand steht. Welke Blätter entfernen Sie. Vom Kohlrabi gibt es eine spezielle Lagersorte 'Superschmelz'. In Sand eingelagert übersteht sie gut den ganzen Winter.

Rosenkohl: Ihn legen Sie mit Wurzel und Strunk flach in die sandgefüllten Kisten, so daß nur noch die Spitze mit den Röschen seitlich hervorguckt.

Chinakohl, Endivien und Zuckerhutsalat halten sich immerhin einige Wochen im Lager. Diese Gemüse werden nur mit ihren Wurzeln in die Sandkisten gestellt.

Zwiebelgemüse lagern und im Winter noch ernten

Zwiebeln: Bei Zwiebeln beginnen Sie mit den Vorbereitungen für die spätere Lagerung schon während der Ernte. Haben Sie sie nach dem Welken ihrer Blätter ausgegraben, bleiben sie noch einige Tage zur Nachreifung im Gras liegen. Anschließend müssen sie zum Trocknen ausgebreitet und zu Zöpfen geflochten werden. Die Abbildung zeigt, wie man beim Flechten verfährt. Hängen Sie dann die Zöpfe an die Decke, so daß von allen Seiten leicht Luft an sie herankommt.

Lauch: Er darf den ganzen Winter draußen bleiben. Einige Stangen sollten Sie dennoch mit Blick auf die möglicherweise hartgefrorene Beeterde, was kein Ernten zuließe, einlagern. Lauch wird in sandgefüllte Kisten mit bis zu einem Drittel der Stangen eingegraben; welke Blattspitzen schneiden Sie ab.

Wurzelgemüse einlagern

Möhren, Schwarzwurzeln und andere Wurzeln: Wir lagern sie schichtweise in Sand. Dazu wird der Boden einer Kiste einige Zentimeter mit Sand gefüllt, die Möhren flach daraufgelegt und weiter mit Sand aufgefüllt, bis die Möhren bedeckt sind. Darauf folgt wieder eine Schicht Sand und so fort.

Sellerie: Sellerie wird genau wie Lauch zu einem Drittel in Sand eingeschlagen. Das Laub soll nur entfernt werden, wenn es gelb ist oder zu welken beginnt. Bis dahin dürften Sie die Blätter sicher noch gut in der Küche unterbringen. Die Kohlrübe können Sie im übrigen auf die gleiche Art und Weise lagern.

Kartoffeln: Vermeiden Sie es, die Knollen zu hoch aufzuschichten, sonst setzt die Keimung der mittleren Schichten schnell ein. Die Lichtverhältnisse sind ebenfalls von Bedeutung. Kartoffeln liegen am besten in Dämmerlicht. Selbst die Bauweise der Kartoffelkiste wirkt sich auf die Haltbarkeit der Knollen aus. Kisten mit schrägem Boden haben sich besonders bewährt, weil die Kartoffeln dort bei jeder Entnahme in Bewegung geraten, und dies verzögert die Keimung zusätzlich. Besitzen Sie einen anderen Behälter, der nicht mit diesem praktischen Effekt aufwarten kann, sollten Sie Ihre Lagerkartoffeln darin wenigstens einmal wöchentlich durchschütteln.

Lagerung von Obst

Für Ihre Lagerung bieten sich hauptsächlich die – wie der Name schon sagt – jeweiligen Lagersorten von Äpfeln und Birnen an. Andere Sorten sind höchstens für kurze Zeit lagerfähig. Hartschalige oder Früchte, deren Schale von einer Wachsschicht überzogen ist, lassen sich auch bei geringer Luftfeuchtigkeit lagern. Die Eigenart ihrer Schale schützt sie vor der Austrocknung. Ebenfalls vor dem Ausdörren bewahrt es Ihre Früchte, wenn sie nicht flach in Horden, sondern zusammen in Kisten liegen.

Bei Birnen macht es einen Unterschied, ob sie von Bäumen aus guter oder eher ungünstiger Lage stammen. Nur bei denen von besseren Standorten empfiehlt sich die Lagerung. Für besonders schöne Früchte lohnt es sich, sie einzeln in Seidenpapier zu wickeln. Das Papier schützt die Früchte nochmals vor Ausdunstung und Ansteckung.

Möchten Sie Ihr Obst in geschlossenen Behältern lagern, muß es vorher ausschwitzen und auf die nötige Lagertemperatur runterkühlen. Legen Sie die Früchte einige Tage flach auf Papier in Regale oder auch einfach auf den Fuß-

Das Apfellager muß kühl, frostfrei und gut durchlüftet sein. Regelmäßig müssen die Äpfel kontrolliert werden, krankes Obst ist dann zu entfernen.

boden des Lagerraumes. Den Boden Ihres Lagerbehälters bedecken Sie zur Polsterung mit einer Schicht Stroh oder einigen Lagen Papier. Und stellen Sie bitte allen Ihren Sorten einen eigenen Behälter zur Verfügung.

Heute greifen viele Leute zum Lagern gern auf Kunststoffsäcke zurück. Wenn Sie so verfahren möchten, denken Sie bitte daran: bevor der Sack geschlossen wird, muß auch hier das Obst erst abkühlen und ausschwitzen. Als geeignetes Material gilt Polyethylen, weil es Luft ausreichend durchläßt, Wasserausdünstungen jedoch nur ganz spärlich. Das Obst in Folie hat also auf jeden Fall ausreichend Luftfeuchtigkeit. Die Plastiksäcke dürfen aber nicht aus allzu starkem Material bestehen, sonst findet kein Luftaustausch statt, die Ware verdirbt rasch!

„Ein fauler Apfel steckt alle anderen an“, sagt ein altes Sprichwort.

Oft haben sich einige Früchte schon am Baum mit Pilzsporen angesteckt, die erst später, im Lager, Fäulnis auslösen. Unbedingt erforderlich ist die regelmäßige Überprüfung der Früchte. Einmal die Woche müssen Sie alles gründlich nachsehen. Faule oder welke Früchte werden aussortiert, damit sich Lagerkrankheiten nicht ausbreiten und gesunde Früchte bis zum Verbrauch gesund bleiben.

Pflaumen oder Pfirsiche können noch im Haus nachreifen. So halten sie sich etwas länger, als wenn sie bereits am Baum ausreifen würden. Ein Tip dazu: Wir haben die kurz vor der Reife stehenden Früchte nach dem Pflücken zum Lagern auf ein, zwei Tage zuvor geerntete Brennesseln gebettet.

Mit heil gebliebenen Schalenhälften lassen sich Segelschiffe, Puppenwagen und vieles mehr basteln.

Nüsse richtig lagern

Nüsse werden nach der Ernte erst einmal ordentlich gereinigt. Haselnüsse befreien wir von ihrer Fruchthülle, Walnüsse werden aus ihrer grünen Schale befreit und mit Wasser abgebürstet. Haben Sie die Nüsse ausreichend gesäubert, werden sie flach ausgebreitet und müssen in den ersten Tagen täglich gewendet werden, so vermeiden Sie eine Schimmelbildung. Mit feinem Draht bespannte Horden, die auch von unten Luft an die Nüsse lassen, sind dazu bestens geeignet. Walnüsse sollten Sie nicht länger als drei Monate aufbewahren, an Ihren Haselnüssen haben Sie mitunter bis zum Frühjahr etwas Feines zum Knacken.

Lagern im Garten

Eine frostfreie Erdmiete gab es früher in jedem größeren Garten.

Sie können das Frühbeet zum Lagern herrichten oder regelrechte Erdmieten anlegen. Zuerst einiges über die Lagerung im Frühbeet: Schon ab September sollten Sie das Frühbeet so schließen, daß die Erde darin abtrocknen kann. Ebenso wie in Ihrem Lagerraum müssen Sie auch im Frühbeet für Frischluft sorgen. Bis zum Frost können die Fenster geöffnet bleiben, aber eben nur so weit, daß es nicht reinregnen kann. Leichtere Kälte bis –5 °C wird vom geschlossenen Frühbeetfenster abgehalten. Zieht der Frost jedoch deutlich an, sind zusätzlich Matten, Bretter oder Stroh nötig, womit Sie das Frühbeet schützend bedecken müssen. Die Lagerung von Blattgemüse, wie z. B. Endivien oder Porree, bzw. von Wurzelgemüse wie Schwarzwurzeln und Sellerie, nehmen Sie im Frühbeet genauso vor, wie Sie das von der Kellerlagerung her kennen (siehe Seite 82 ff.).

Daran ist unbedingt zu denken: Wenn das Gemüse dicht stehen soll, müssen die Blätter abgetrocknet sein.

Kopfkohl wird im Garten nun allerdings genau umgekehrt wie im Keller gelagert. Für den Kohl müßten Sie im Frühbeet genügend große Furchen ziehen. Dort wird der Kopfkohl, von seinen Wurzeln und äußeren Blättern befreit, kopfüber und dabei mit seinem belassenen Strunk etwas seitlich geneigt hineingelegt und mit der Erde bedeckt.

Die Erdmiete ist zwar nicht für sämtliche Gemüse geeignet. Möhren und Kopfkohl gehören aber zu den Arten, die dort trefflich untergebracht sind. Zunächst heben Sie einen Graben von 20 Zentimetern Tiefe und einen Meter Breite aus;

die Länge ist beliebig und richtet sich nach Ihren Lagerwünschen. Der Boden darf nicht zu naß sein. Eventuell muß der Graben tiefer ausgehoben und mit Sand wieder aufgeschüttet werden, des besseren Abfließens wegen. In Erdmieten sollte vorzugsweise dasjenige Gemüse seinen Platz finden, das Sie erst gegen Ende des Winters benötigen. Es ist nämlich etwas umständlich, die Miete zu öffnen.

Kopfkohl wird wie für das Frühbeet vorbereitet und neben- und übereinander in den Graben gelegt. Möhren befreien Sie vor der Unterbringung vom Blattwerk. Zum Schutz vor Frösten breiten Sie noch eine 10 cm dicke Schicht langhalmiges Stroh über das Gemüse. Darauf wird alles etwa 10 cm mit Erde bedeckt, und bei starken Minusgraden müssen Sie zusätzlich Laub oder Stroh außen drumherum packen. Erdmieten werden nicht früher als Anfang November angelegt. Im Oktober noch müssen Sie damit rechnen, daß dann eingelagertes Gemüse austreiben würde und für die Küche tatsächlich verloren wäre.

Eingegrabene Tonnen haben sich für Gemüse, aber auch für Obst bewährt. Die Tonne, Sie können zwischen Holz oder Kunststoff wählen, wird bis zum Rand eingegraben. Den Deckel halten Sie bei gutem, frostfreiem Wetter geöffnet. Bei herannahendem Kaltwetter muß alles mit Stroh oder vergleichbarem Material abgedeckt werden, damit kein Frost eindringen kann. Tonnen haben den Vorteil, auch bei Frost zugänglich zu sein, wir brauchen für eine Entnahme lediglich das Abdeckmaterial wegzuräumen.

Zum Schutz vor Wühlmäusen können Sie den Boden und die Seitenwände des Grabens für die Erdmiete mit Walnußlaub auskleiden. Die Tiere mögen den Geruch nicht. Steht Ihnen diese Möglichkeit nicht zur Verfügung, verhindert feiner Maschendraht ebenfalls unerwünschten Besuch.

Lagerung im Frühbeet: Möhren wird das Laub auf 1 bis 3 cm abgeschnitten. Bei Endivien bleiben die Wurzeln dran. Kopfkohl kommt verkehrt herum ins Frühbeet. Beim Lauch lassen wir einen Teil des Laubs unbedeckt.

Trocknung unserer Gartenfrüchte

Von getrocknetem Obst und Gemüse können Sie durchaus mehrere Jahre zehren, wenn Sie es in gut verschlossenen Dosen oder Gläsern aufbewahrt haben. Beim Trocknen wird den Pflanzen ihr Wasser entzogen, womit der Fäulnis der Nährboden entzogen wird. Kräuter hingegen sollten nicht länger als ein Jahr aufbewahrt werden, sie verlieren mehr und mehr an Aroma.

Die Horden oder Siebe, auf denen das Trockengut ausgebreitet ist, müssen öfter ihre Stellung wechseln, d. h. die unteren kommen nach oben. Das ist wichtig, um eine gleichmäßige Trocknung zu erreichen. Denn die feuchte Luft steigt nach oben, die oberen Horden würden zu langsam trocknen.

Beim Trocknen ist die Temperatur besonders wichtig. Bei Kräutern sollte sie niemals höher als 30 °C liegen, nur Wurzeln können bei Temperaturen um die 40 °C getrocknet werden. Bei Obst und Gemüse liegen Sie mit der richtigen Temperatur anfangs bei 40 bis 60 °C. Wenn die Oberfläche fest geworden ist, kann die Temperatur auf 70 °C erhöht werden. Sie sollte aber gegen Ende der Trocknung wieder abgesenkt werden, sonst bekommt das Trockengut wegen des dann nur mehr geringen Wassergehalts einen unangenehm angebrannten Geschmack.

Anschaffung oder Selbstbau eines geräumigen Trockenschranks lohnt sich beim Konservieren größerer Mengen. Für kleine Mengen sind Dörrapparate in der Größe eines Einkochtopfs ausreichend. Wollen Sie im Backofen trocknen, müssen Sie die Tür mit einem eingeklemmten Kochlöffel einen Spalt offenhalten. Bereitet Ihnen die niedrige Anfangstemperatur Probleme, trocknen Sie das Gut auf einem Gestell über den Herdplatten vor, bis es an der Oberfläche fest ist. Weil sich bei Gasbacköfen die offene Flamme unter dem Backraum befindet, das verbrennende Gas aber die Luftfeuchtigkeit erhöht, kann das Trocknen hier länger dauern.

Der Trockenvorgang darf nicht länger als zwei bis drei Tage dauern. Das Trockengut ist dann fertig, wenn es sich lederartig anfühlt, es darf aber noch ein klein wenig weich sein. Nicht übertrieben lange darf es trocknen, sonst verliert es sein Quellvermögen. Sie können es dann nicht mehr weichkochen. Bei Kräuter ist das anders, sie sollen schön rieselig trocken sein.

Rechts: Für meine Küche brauche ich viele Kräuter.

Unten: Ein Blatt Papier erleichtert das Einfüllen.

Das sehe ich immer wieder: Kräuter trocknen in der prallen Sonne. Das ist aber falsch, ein luftiger, schattiger, überdachter Platz ist der richtige Ort.

Trocknen von Kräutern

Mit Glück erleben Sie während der Erntezeit schönes Wetter, so können die Kräuter gut im Freien trocknen. Dazu binden wir sie zu Sträußen mit fünf bis zehn Stengeln und hängen sie z. B. unter die Dachtraufe des Gartenschuppens. Wenn die Sonne sich anschickt, ganz sicher für einige Tage zu scheinen, können Sie die Kräuter auch zum Trocknen auf Tüchern ausbreiten. Ebenfalls auf dem Dach- oder Heuboden lassen sie sich gut trocknen. Zum Schutz vor Staub stecken Sie sie in Baumwoll- oder Leinensäckchen. Einerlei, ob Sträuße oder Säckchen, Sie sollten die Kräuter vor dem Trocknen kennzeichnen. Entweder mit angehängten Zetteln oder Sie beschriften die Säckchen.

Die Kräuter können in den Säckchen an einem trockenen Ort durchaus längere Zeit aufbewahrt werden. Für eine langanhaltende Aromakonservierung sind dunkle Gläser jedoch vorteilhafter.

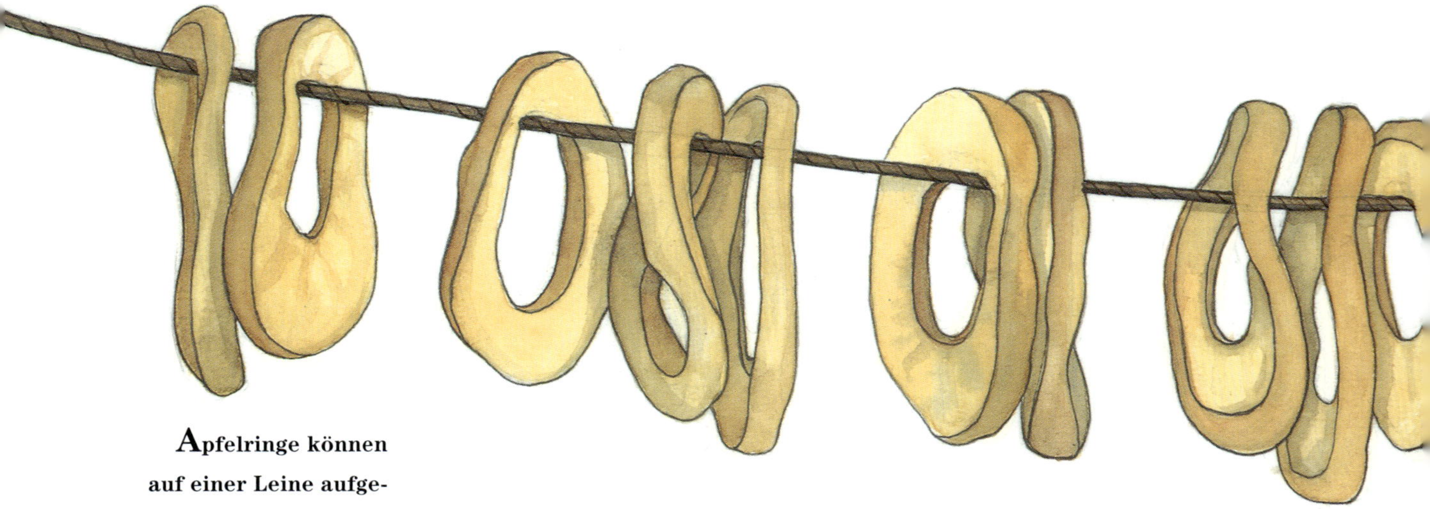

Apfelringe können auf einer Leine aufgefädelt werden. An einem schattigen, luftigen, überdachten Ort werden sie getrocknet.

Rechts: Apfelringe lassen sich einfach im Backofen dörren. Meine Enkelkinder helfen gerne dabei, denn sie bekommen zwischendurch kleine Schiffe aus Äpfeln geschnitten.

Wir haben früher gerne die Schalen von Äpfeln getrocknet und später Apfelschalentee daraus bereitet.

Trocknen von Obst

Äpfel, die getrocknet werden, sollen möglichst ihre helle Farbe behalten. Das erreiche ich, indem ich die geschälten Ringe bzw. Stücke für einige Minuten in Salzwasser (zwei Teelöffel pro Liter) lege und anschließend zum Abtrocknen auf Tüchern ausbreite und vorsichtig trockentupfe. Äpfel werden so zurechtgeschnitten, daß die Stücke knapp einen halben Zentimeter dick sind. Zum Entfernen des Kerngehäuses benutze ich gern einen Apfelausstecher. Apfelringe können auf Schnüre oder Bambusstäbe gehängt und über dem Herd getrocknet werden. Es muß dort allerdings immerhin so warm sein, daß die Ringe nach spätestens drei Tagen trocken sind. Apfelstücke, die Sie bedenkenlos vom anfallenden Fallobst gewinnen können, werden im Dörrapparat getrocknet und am ersten Tag zwei- bis dreimal gewendet, um eine gleichmäßige Trocknung von allen Seiten zu erreichen. Äpfel dürfen nach dem Trocknen ruhig etwas härter sein, als sich Leder anfaßt.

Pflaumen oder Zwetschen trockne ich vorzugsweise im Ganzen. Bei Trockenpflaumen läßt sich der Kern auch einfach rausdrücken. Eine besondere Leckerei stellen wir mit gefüllten Trockenpflaumen her. Als Füllung wähle ich kandierte Früchte, Rosinen oder Nüsse. Dazu werden die Pflaumen nach einer Trockenzeit von etwa zehn Stunden bei 40 °C herausgenommen, die Kerne ausgedrückt und die Füllung hineingeschoben. Danach trockne ich die Pflaumen zuende.

Anderes Obst trockne ich im Prinzip auf diegleiche Weise. Aprikosen halbiere

und entsteine ich und lege sie mit der Schnittfläche nach oben auf die Trockenrahmen. Getrocknete Birnen sind sicher nicht jedermanns Geschmack, aber probieren Sie es einmal mit aromatischen Sorten wie 'Williams Christ' oder 'Schmelzende von Thirriot'. Die Birnen können geschält und halbiert, kleine Früchte auch im ganzen getrocknet werden. Für das Trocknen von Sauerkirschen haben wir die Sonnenwärme genutzt. Die Sandböden meiner früheren Heimat sind im Sommer oft sehr heiß geworden. Darauf haben wir Bettücher gebreitet und die Sauerkirschen gelegt. Nach zwei Tagen in der Sonne haben wir die Kerne ausgedrückt und die Früchte im Backofen fertig getrocknet. Die Kirschkerne haben wir gesammelt, kurz aufgekocht und trocken in kleine Säckchen gefüllt. Mit diesen Kirschkernsäckchen hat es eine besondere Bewandtnis. Sie eignen sich vorzüglich zur Wärmebehandlung, viel besser als jede Wärmflasche. Abends im Backofen erhitzt, halten sie die ganze Nacht über warm.

Getrocknetes Obst läßt sich sehr vielseitig verwenden. Am liebsten tun es meine Kinder ins Müsli. Hier sehen Sie Birnen (links), Äpfel (Mitte), Pflaumen (rechts).

So lassen sich Bohnen gut trocknen: wie die Wäscheklammern an einem schattigen, luftigen und überdachten Ort. Legen Sie ein Tuch unter, falls die eine oder andere Bohne herunterfällt.

Trocknen von Gemüse

Gemüse zum Trocknen muß völlig tadellos sein. Seien Sie hier sehr gründlich. Nicht, daß gleich die ganze Frucht weggeworfen werden soll, aber sie muß gegebenenfalls sorgfältig ausgeschnitten werden. Manches Gemüse koche ich vor dem Trocknen. Vorgekochte grüne Bohnen sind bekömmlicher, Möhren behalten ihre Farbe besser, wenn sie für zehn Minuten in leicht siedendem Wasser gekocht wurden.

Ich habe das Gemüse immer am liebsten in Würfeln von einem halben Zentimeter Länge getrocknet oder in Scheiben. Aber Suppengemüse wie Sellerie und Möhren finden auch als Streifen Geschmack. Die besten Möhrensorten zum Trocknen sind die herzlosen, denn das Herz wird beim Trocknen recht fest.

Hier sehen Sie getrocknete Tomaten (links), Zwiebeln (Mitte), Wirsing (rechts). Wirsing wird vor dem Trocknen kurz in kochendes Wasser getaucht und dann in Streifen geschnitten. Soll er wieder verarbeitet werden, weichen Sie ihn eine Stunde zuvor ein.

Lauch, Sellerie und Möhren in modernen Trocknungssieben

Getrocknete Tomatenscheiben, die nach dem Festwerden der Oberfläche noch mit ein wenig Salz oder anderem Gewürz bestreut werden, stehen den beliebten Chips als verführerische Knabberei in nichts nach. Schneiden Sie die Tomatenscheiben nicht dicker als 3 mm und achten Sie auf niedrige Anfangstemperaturen. Tomatenscheiben zum Naschen zwischendurch sollten knusprig, also brüchig-trocken sein.

Pilze sind getrocknet eine besonders delikate Sache. Ihr Geschmack ist oft viel gehaltvoller als der von frischen oder solchen aus Dosen. Sammeln Sie aber Pilze niemals ohne fachkundige Begleitung, sofern Sie sich nicht selbst zu den Kennern zählen dürfen. Pilze, die getrocknet werden sollen, bleiben ungewaschen. Entfernen Sie alle faulen, wurmstichigen und verschmutzten Stellen, und reiben Sie die Pilze mit einem trockenen Tuch vorsichtig ab, sie sind sehr druckempfindlich. Nach dem Schneiden werden sie gleich auf den Trockenrahmen ausgebreitet. Etwa 3 mm dick sollen die Scheiben sein. Pilze dürfen nicht länger als zwei Tage trocknen, sonst büßen sie geschmacklich erheblich ein. Sie sollen schon hart sein, aber noch nicht brüchig.

Trockengemüse wird vor dem Kochen über Nacht eingeweicht. So braucht es nicht länger als frisches Gemüse, bis es servierbereit ist. Es spricht nichts dagegen, das Einweichwasser gleich zum Kochen zu verwenden.

Links: Gemüse wird vor dem Trocknen, wie im Text beschrieben, klein geschnitten.

Konservieren mit Zucker

Der Zucker verhindert, daß fäulniserregende Mikroorganismen oder Schimmelpilze tätig werden. Der Zuckergehalt der Früchte wird entweder durch Zugabe von Zucker erhöht, oder die Früchte werden durch Kochen eingedickt, bis nur noch wenig Wasser enthalten und dadurch der Zuckergehalt verhältnismäßig hoch ist. Zur guten Haltbarkeit braucht das fertige Produkt einen Zuckergehalt von wenigstens 55 %. Früher war der süße Stoff teuer. Er hat mich soviel gekostet, daß ich jedesmal, wenn ich ein Glas Marmelade oder Einkochobst geöffnet habe, Geld in ein leeres Glas legte, damit ich mir zur Einkochzeit auch die nötige Menge Zucker leisten konnte. Marmelade, Konfitüre, Gelee und Fruchtmus sollen gelieren. Wie machten es die Leute zu Zeiten, als es noch kein Pektin zu kaufen gab? Pektin ist in allen Früchten mehr oder weniger enthalten. Damit es geliert, muß es im richtigen Verhältnis zum Zucker und zur Fruchtsäure stehen. Deshalb finden Sie bei vielen Rezepten Zitronensaft oder Zitronensäure als Zusatz.

Aus gesundheitlichen Gründen bietet es sich an, gelegentlich ersatzweise Honig zu verwenden. Sehr brauchbar ist flüssiger, klarer Honig. Er süßt viel durchdringender als Zucker. Statt eines Kilos Zucker sind für Marmeladen und ähnlichem 200 g Honig vollkommen ausreichend. Um den manchmal störenden Honiggeschmack zu überdecken, können Sie für Marmeladen ein Drittel der Fruchtmenge durch Fruchtsaft ersetzen, der intensiver schmeckt.

Je reifer die Früchte sind, desto weniger Pektin ist enthalten. Johannisbeeren, Stachelbeeren, unreife Äpfel und Quitten enthalten sehr viel Pektin. Wir haben uns unser eigenes Pektinkonzentrat folgendermaßen hergestellt: Unreife Äpfel, grüne Stachelbeeren, Quitten oder hellrote Johannisbeeren, auch Fallobst, werden gesäubert, entstielt und mit Schale und Kernen kleingeschnitten. Zusammen mit einem guten Viertelliter Wasser pro Kilogramm

Zucker ist ein wichtiger „Konservierungsstoff". In hoher Konzentration verhindert er zuverlässig Schimmelbildung.

wurde das Obst auf schon heißer Platte schnell zum Kochen gebracht. Pektin zerfällt zwischen 20 und 50 °C, deshalb müssen wir schnell höhere Temperaturen erreichen. Das Ganze wird eine halbe Stunde bei mäßigem Feuer gekocht. Danach haben wir den Brei bei etwas mehr Hitze und geöffnetem Topf auf die Hälfte eingedickt (Umrühren nicht vergessen), durch ein Sieb gestrichen und heiß in Gläser gefüllt. Diese haben wir geschlossen für zehn Minuten in kochendes Wasser gestellt. Für pektinarme Früchte wie Erdbeeren, Brombeeren oder Aprikosen haben wir ein Drittel ihrer Früchtemenge durch dieses Konzentrat ersetzt.

Wenn Sie Pektin kaufen, entweder flüssig oder als Pulver, wie es dem Gelierzucker zugegeben ist, sollten Sie die Mengenangaben (Verhältnis Frucht zu Zucker oder Pektin) und die Kochzeiten der Hersteller als maßgebend ansehen.

Verschließmethoden von Marmelade (von links nach rechts; siehe auch Seite 98/99): 1 schon abgekühltes Glas mit Schraubverschluß, 2 gefüllte Gläser mit Schraubverschluß werden zum Abkühlen auf den Kopf gestellt. 3 Glas mit Zellophan verschlossen und 4 Einmachglas für Marmelade.

Leckere Marmeladen und Konfitüren

Marmelade hieß bei uns früher alles, was aus Fruchtpüree hergestellt wurde, und Konfitüre wurde genannt, was außerdem noch ganze Früchte enthielt. Ich halte mich hier an unsere ursprüngliche Einteilung.

Bei der Herstellung von Marmeladen und Konfitüren sollten Sie einigen Regeln Beachtung schenken: Die Früchte müssen rasch erhitzt werden (wegen des Pektins, siehe Seite 96 f.), deshalb tun Sie am besten nicht mehr als ein Kilo Früchte auf einmal in den Einkochtopf. In breiten Töpfen verläuft die Erhitzung schneller als in hohen, schmalen. Erhitzen Sie immer erst den Fruchtbrei; Zucker, Säure und Geschmackszutaten kommen erst hinzu, wenn es kocht. Geben Sie den Zucker langsam und unter Rühren dazu, ohne daß die Masse aufhört zu kochen. Auch die ganzen Früchte kommen jetzt erst dazu. Sie müssen dann noch einige Minuten kochen. Sie können die Früchte auch mit einem Teil des Zuckers einige Stunden ziehen lassen, sie werden anschließend schneller weich. Ganz zum Schluß, der Zucker muß sich vollständig aufgelöst haben, kommt das Pektin oder unser selbst hergestelltes Konzentrat in den Einkochtopf. Die ganze Masse muß dann noch einmal unter stetigem Rühren aufgekocht werden. Machen Sie eine Gelierprobe, wie beim Gelee beschrieben (Seite 104). Der Schaum darf nicht in die Gläser. Er enthält zuviel Luft, was die Haltbarkeit beeinträchtigen würde. Sammeln Sie ihn extra, er ist frisch eine ganz zauberhafte Köstlichkeit für sich.

Zum Aufbewahren finde ich Gläser mit dicht schließendem Schraubdeckel am praktischsten. Sie werden vorgewärmt, mit der heißen Fruchtmasse bis zum Rand gefüllt (Gewinde mit einem sauberen Tuch säubern), fest zugedreht und zum Abkühlen auf den Kopf gestellt. So werden die Luft und der Deckel gleich mit sterilisiert. Wenn Sie die Gläser mit Zellophan (im Handel unter dem Namen „Einmachhaut" erhältlich) verschließen wollen, müssen Sie die Oberfläche der Gelees und Marmeladen zusätzlich vor Schimmel schützen. Dazu können Sie ein in hochprozentigem Schnaps (mindestens 40 %) getränktes, passendes, rundes Stück Pergaminpapier auflegen oder, wenn die Oberfläche fest geworden ist, ein wenig Honig darübergeben. Zum Verschließen wird das Zellophan einseitig angefeuchtet, mit der trockenen Seite stramm über das Glas gezogen und mit einem Gummi festgehalten. Oft wird empfohlen, die Marmelade erst ganz auskühlen zu lassen, bevor das Zellophan darüberkommt. Ich habe es immer über die warmen Gläser gezogen, dadurch entsteht dann ein Vakuum im Glas, das die Folie richtig festhält. Gelagert werden die Gläser in trockenen Räumen, sonst kann es, besonders bei zellophanverschlossenen Gläsern, passieren, daß der Inhalt schimmelt.

Wenn ich die erste Marmelade im Jahr einkoche, müssen immer frische Brötchen im Haus sein.

wohlschme
kräftig

Rechts: Mit reiner Erdbeermarmelade liege ich nie falsch – alle Kinder essen sie liebend gern.

Brombeeren (ganz oben) und Äpfel (oben) ergeben zusammen eine Konfitüre, die mein Mann besonders liebte (Rezept, siehe rechts).

Erdbeermarmelade

1 kg geputzte Früchte mit einem Pfund Zucker vermischen und einige Stunden oder über Nacht stehen lassen. Mischung pürieren oder durch ein Sieb streichen, rasch zum Kochen bringen und 15 Minuten auf kleiner Flamme kochen, dabei öfter umrühren. Unter Rühren langsam weitere 300 bis 500 g Zucker zugeben sowie drei Eßlöffel Zitronensaft und Pektin für 2 kg Marmelade. Ohne Pektin kommen wir aus, wenn wir ein Drittel der Früchte durch unser pektinhaltiges Fruchtkonzentrat ersetzen. Marmelade jetzt noch bis zum Gelieren weiterkochen und in Gläser füllen.

Erdbeerkonfitüre

Bei Konfitüre werden 300 g der Früchte nicht püriert und erst nach dem ersten Kochen zusammen mit dem Zucker in den Topf eingerührt.

Brombeer-Apfel-Konfitüre

700 g knapp reife, kleingeschnittene Äpfel mit etwas Wasser weichkochen. 300 g Brombeeren langsam ohne Wasser weichkochen. Beides pürieren oder durch ein Sieb streichen, zusammen rasch aufkochen und einige Minuten heftig kochen, dabei langsam 1 kg Zucker und 300 g ganze Beeren unterrühren. Drei Eßlöffel Zitronensaft zugeben und bis zum Gelieren weiterkochen.

Himbeer-Renekloden-Konfitüre

1 kg Renekloden kurz in siedendes Wasser tauchen, Schale abziehen und entsteinen. Ein Pfund Himbeeren kurz mit kochendem Wasser übergießen und pürieren.

Zwei Drittel der Reneklo-den zusammen mit dem Himbeermark rasch aufkochen und zehn Minuten unter Rühren kochen. Langsam 1 Pfund Zucker und das restliche Drittel Renekloden einrühren, einige Minuten kochen und ein weiteres Pfund Zucker sowie vier Eßlöffel Zitronensaft zufügen.
Bis zum Gelieren weiterkochen und in Gläser füllen.

Erdbeer-Rhabarbermarmelade

Je ein Pfund Erdbeeren und kleingeschnittenen Rhabarber mit 200 g Zucker vermischen und einige Stunden oder über Nacht schon im Topf ziehen lassen.
Anschließend kurz aufkochen und pürieren oder aber durch ein Sieb streichen.
Fruchtmark schnell zum Kochen bringen und nach zehn Minuten weitere 500 g Zucker unterrühren, bis zum Gelieren weiterkochen und in Gläser füllen.

Pfirsich-Melonenmarmelade

700 g zerkleinertes Pfirsichfleisch und 300 g zerkleinertes Melonenfleisch zusammen in einen Topf geben, mit 300 g Zucker mischen und einige Stunden ziehen lassen. Schnell zum Kochen bringen, zehn Minuten kochen und durch ein Sieb streichen oder pürieren. Fruchtpüree wieder aufkochen und langsam unter Rühren 500 g Zucker zugeben; da diese Früchte sehr wenig Pektin enthalten, Pektin für 2 kg Marmelade zugeben, noch einmal aufkochen und in Gläser füllen.

Apfel-Berberitzenmarmelade

Berberitzen-Beeren sind sauer, schmecken aber vollreif entsaftet für Marmelade gut. 500 g geschälte und entkernte Äpfel kleinschneiden und zusammen mit einem halben Liter Berberitzensaft aufkochen, 1 kg Zucker einrühren und bis zum Gelieren weiterkochen.

Marmelade aus verschiedenen Früchten schmeckt zwar auch sehr gut, ich bevorzuge allerdings eher den reinen Geschmack einer Obstart.

Die Himbeer-Renekloden-Konfitüre (Rezept links) liebten die Kinder meiner Nachbarin besonders.

Rechts: Rhabarber verarbeite ich mit Erdbeeren zu einer leckeren Erdbeer-Rhabarbermarmelade.

Unten: Rote Johannisbeeren wasche ich immer vor dem Entstielen, damit nicht so viel Saft verloren geht.

Ganz unten: Mit der Gabel geht das Entstielen der reifen Beeren am schnellsten.

Mirabellenmarmelade mit Rum

1 kg entsteinte Mirabellen mit 200 g Zucker verrühren und über Nacht ziehen lassen. Schnell zum Kochen bringen und einige Minuten lang weichkochen, sechs Eßlöffel Zitronensaft hinzufügen sowie 800 g Zucker langsam einrühren, Pektin für 2 kg Marmelade zugeben. Unter Rühren nochmal aufkochen, vor dem Abfüllen noch zwei Eßlöffel Rum unterrühren.

Feine Süßkirschkonfitüre

1 kg entsteinte Süßkirschen mit 300 g Zucker über Nacht ziehen lassen. Rasch zum Kochen bringen, zehn Minuten kochen und weitere 700 g Zucker einrühren, sechs Eßlöffel Zitronensaft, ein Eßlöffel gehackte Mandeln und fünf Eßlöffel Kirschwasser zugeben sowie Pektin für 2 kg Marmelade. Einmal kurz aufkochen und die Konfitüre in Gläser füllen.

Kernige Marmelade

500 g grüne Stachelbeeren und 200 g schwarze Johannisbeeren durch einen Fleischwolf geben. Anschließend rasch zum Kochen bringen und 1 kg Zucker langsam einrühren, 300 g selbsthergestelltes Pektinkonzentrat dazugeben und bis zum Gelieren weiterkochen. In Gläser füllen.
Wer lieber mit käuflichem Pektin arbeitet, nimmt 300 g Stachelbeeren mehr und gibt Pektin für 2 kg Marmelade dazu, die Kochzeit verkürzt sich dann.

Brombeermarmelade ohne Kerne

Streichen Sie 750 g gewaschene, abgetropfte Brombeeren durch ein Sieb. Da die Früchte roh und deshalb fest sind, ist ein elektrischer Passierstab oder eine Kartoffelpresse sehr hilfreich. Wiegen Sie das Fruchtmus ab und geben Sie es zusammen mit einem Eßlöffel Gelierpulver in einen Topf. Kocht das Mus, rühren Sie den Zucker unter und lassen alles zusammen zwei Minuten sprudelnd kochen. Füllen Sie die Marmelade heiß in Gläser.

Wen bei der Beerenmarmelade die Samenkörner stören, sollte das Obst entsaften und Gelee daraus herstellen.

Pfirsiche schmecken gut in reiner Pfirsichmarmelade (Rezept links).

Pflaumenmarmelade mit Zwetschgenwasser

Wiegen Sie 1 kg Sommerpflaumen oder -zwetschen ab und waschen Sie sie. Etwas abtropfen lassen, dann entsteinen und das Fruchtfleisch zerkleinern. Mischen Sie das Fruchtfleisch mit 1 kg Gelierzucker und lassen es über Nacht stehen. Nun zusammen mit drei Eßlöffel Zitronensaft aufkochen und vier Minuten kochen lassen. Gelierprobe machen, evtl. noch kurz weiterkochen, dann 2 bis 4 cl Zwetschenwasser unterrühren und sofort abfüllen.

Aprikosen- oder Pfirsichmarmelade

Knapp drei Pfund Aprikosen oder Pfirsiche entkernen, Früchte kleinschneiden und mit etwas Wasser weichkochen. Früchte pürieren oder durch ein Sieb streichen. Fruchtmark abwiegen, pro 1 kg Mark 200 g Zucker unterrühren und rasch zum Kochen bringen. 15 Minuten kochen, weitere 500 g Zucker und Pektin für 2 kg Marmelade unterrühren, einige Minuten weiterkochen und die Gelierfähigkeit prüfen. In Gläser füllen und verschließen.

Aus Stachelbeeren läßt sich ein leckeres Stachelbeergelee herstellen (Rezept, siehe Seite 105).

Ganz oben: Früher habe ich oft Birnen-Schlehen-Gelee hergestellt, heute bekomme ich Schlehen leider nicht mehr so oft (Rezept, siehe Seite 107).

Oben: Im Entsafter wird das Obst entsaftet. Aus dem Saft stellen wir dann Gelee her.

Süße klare Gelees

Gelee wird aus Fruchtsaft zubereitet. Auch hier müssen wir bei pektinarmen Früchten das fehlende Pektin entweder zugeben oder pektinreiche Früchte bis zur Hälfte der Gesamtmenge zusetzen. Wenn wir ohne Pektinzusatz Gelee zubereiten, verlängert sich die Kochzeit, denn der Saft muß in diesem Falle solange gekocht werden, bis er geliert, höchstens jedoch 15 Minuten. Ob er ausreichend eingedickt ist, stellen wir mit der Gelierprobe fest: Nehmen Sie einen Löffel voll ab und legen den Löffel flach auf einen Teller. Sobald die Masse abgekühlt ist, drehen Sie den Löffel langsam zur Seite. Tropft es, muß noch einige Minuten weitergekocht werden. Erst wenn die Masse als Ganzes langsam vom Löffel fließt, ist sie fertig.

Den Fruchtsaft zur Geleeherstellung gewinnen Sie wie anderen Obstsaft auch. Die verschiedenen Verfahren habe ich auf Seite 126/127 beschrieben. Da sowohl beim Dampfentsaften als auch beim Entsaften durch ein Tuch Wasser zugesetzt wird, ist es von Vorteil, wenn wir den Saft einige Minuten kräftig kochen lassen, bevor Zucker, Säure oder andere Beimengungen zugegeben werden. Damit steigern Sie die geschmackliche Güte. Für Gelee gelten die gleichen Regeln wie für Marmelade: Immer nur kleine Mengen auf einmal kochen, rasch erhitzen, Zucker langsam und unter Rühren zugeben. Einige Hinweise zum Verschließen und Aufbewahren der Gläser finden Sie bei der Marmeladenherstellung auf Seite 98.

Quittengelee

Ein Liter Quittensaft rasch zum Kochen bringen, zehn Minuten heftig kochen lassen und langsam 800 g Zucker und vier Eßlöffel Zitronensaft unterrühren. Bis zum Gelierpunkt weiterkochen, abfüllen und Gläser verschließen. Geschmacklich aufbessern können wir Quittengelee mit ungespritzter Zitronenschale, die wir die letzten zehn Minuten mitkochen lassen.

Stachelbeergelee

Saft aus halbreifen Früchten zubereiten. Ein Liter Saft rasch aufkochen und zehn Minuten heftig kochen, der Saft muß jetzt schon etwas eingedickt sein, langsam 750 g Zucker unterrühren und bis zum Gelieren weiterkochen. In Gläser füllen und verschließen. Eine Variante ist Stachelbeer-Minz-Gelee. Dabei wird in einem Leinenbeutel ein Sträußchen milde Minze in den kochenden Saft gehängt.

Erdbeer-Stachelbeergelee

Ersetzen Sie ein Viertelliter des Saftes durch Erdbeersaft und verfahren Sie, wie beim Stachelbeergelee angegeben.

Johannisbeergelee

Ich bevorzuge Saft aus schwarzen Johannisbeeren; ich kenne keinen aromatischeren Saft als diesen. Ein Liter Saft aus roten oder schwarzen Johannisbeeren zehn Minuten kochen, 800 g Zucker langsam unterrühren und bis zum Gelieren weiterkochen. In Gläser füllen und verschließen.

Apfelgelee

Saft aus gerade reifen, nur kleingeschnittenen Äpfeln zubereiten. Ein Liter Saft

Johannisbeergelee aus roten Johannisbeeren

rasch zum Kochen bringen, zehn Minuten unter gelegentlichem Umrühren kochen, etwa 700 g Zucker langsam unterrühren und bis zum Gelierpunkt weiterkochen und abfüllen. Apfelgelee verträgt gut geschmackliche Aufbesserung mit Zitronenschale (später wieder herausfischen), Vanille oder Zimt, die Gewürze werden in den letzten Kochminuten mitgekocht. Die helle Farbe können Sie mit rotem Saft verändern, nehmen Sie dazu pro Liter eine Tasse Saft.

Quitten sind filzig behaart, daher rubbele ich sie vor dem Entsaften tüchtig ab.

Quitten lasse ich vor der Verarbeitung einige Tage im Haus stehen, so durchzieht ein wunderbarer Geruch die ganze Wohnung.

Pflaumen-Apfelgelee

Je einen halben Liter Pflaumen- und Apfelsaft zum Kochen bringen und zehn Minuten kochen. 800 g Zucker einrühren und eine Zimtstange (später wieder herausfischen) dazugeben. Bis zum Gelierpunkt weiterkochen und in Gläser füllen.

Apfelkraut

Ein Liter Saft aus reifen süßen Äpfeln und Birnen rasch zum Kochen bringen und solange unter gelegentlichem Umrühren heftig kochen, bis er zu einem dicken Sirup eingekocht ist. In Gläser füllen und verschließen.

Rhabarbergelee mit Fruchtstückchen

Ein Liter Rhabarbersaft zehn Minuten kochen, dann langsam 800 g Zucker einrühren und schließlich bis zum Gelieren weiterkochen. Währenddessen weiße oder rote Johannisbeeren einige Minuten in einem Sieb über Wasserdampf dünsten und beiseite stellen. Gelee in Gläser füllen, aber noch nicht verschließen.
Wird das Gelee dick, in jedes Glas einige Johannisbeeren gleiten lassen. Die Beeren sollen im Gelee schwimmen, deshalb darf es nicht mehr zu dünn sein. Auch bei Schraubdeckelgläsern muß hier die Geleeoberfläche mit einem alkoholgetränkten Papier keimfrei gemacht werden (siehe Marmelade, Seite 98).

Birnen-Schlehen-Gelee

Je ein halber Liter Birnen- und Schlehensaft zum Kochen bringen. Zehn Minuten kochen lassen und 1 kg Zucker langsam unterrühren, drei Eßlöffel Zitronensaft dazugeben und bis zum Gelierpunkt weiterkochen, in Gläser füllen.
Geschmacklich kann das Gelee noch mit zwei Eßlöffeln Gin verfeinert werden.

Holunder-Birnen-Gelee

Einen halben Liter Holundersaft mit einem Viertel Birnensaft vermischen, rasch zum Kochen bringen und 1 kg Zucker sowie acht Eßlöffel Zitronensaft einrühren. Zehn Minuten kochen, Pektin für 2 kg Marmelade einrühren und nochmals kurz aufkochen und schließlich in Gläser abfüllen.
Da beide Früchte schlecht gelieren, ist es bei diesem Gelee besser, Pektin zuzugeben.

Himbeergelee mit Himbeergeist

Drei Viertelliter Himbeersaft aufkochen und 800 g Zucker langsam einrühren. 5 Minuten kochen lassen, drei Eßlöffel Zitronensaft und Pektin für 2 kg Marmelade zugeben. Nochmal aufkochen und drei Eßlöffel Himbeergeist unterrühren.

Gewürztes Brombeergelee

Etwa 2 kg Brombeeren zum Saften vorbereiten, dabei schon sechs zerdrückte Wacholderbeeren miterhitzen. Saft abmessen und aufkochen, auf einen Liter Saft 1 kg Zucker zufügen, drei Eßlöffel Zitronensaft einrühren und bis zum Gelieren weiterkochen oder nach einer Kochzeit von zehn Minuten entsprechende Menge Pektin einrühren und dann noch einmal aufkochen. Pro 2 kg Gelee drei Eßlöffel Gin unterrühren und in Gläser füllen.

Eine feine Geschenkidee ist Kräutergelee. Legen Sie in Gläser mit hellem Gelee, zum Beispiel Apfelgelee, einen Kräuterzweig. Geschmacklich passend sind Melisse, Ysop und milde Minze.

Kräutergelee sieht schön aus und hat einen nicht alltäglichen Geschmack.

Obstsirup für heiße Tage

Sirup aus schwarzen Johannisbeeren

Sirup stellen wir aus Obstsaft und Zucker her. Er ist weitaus dickflüssiger als reiner Saft und wegen des hohen Zuckergehaltes noch länger haltbar. Zum Trinken wird er mit Wasser verdünnt. Eine herrliche Erfrischung für Erwachsene ist das Traditionsgetränk aus Berlin, die „Berliner Weiße mit Schuß". Je ein Schnapsglas Sirup pro Flasche Bier, gut gekühlt, ist an heißen Tagen ein Erfrischungsvergnügen besonderer Art; üblich sind Himbeer- und Waldmeistergeschmack.

Der Saft wird, wie auf Seite 126/127 beschrieben, kalt hergestellt. Wir rechnen pro Liter Fruchtsaft 1,7 kg Zucker und etwa 10 bis 15 g Zitronensäure beziehungsweise einen Viertelliter Zitronensaft hinzu. Den Fruchtsaft müssen Sie schnell auf etwa 85 °C erhitzen, dann Zucker und Zitrone langsam unter Rühren dazugeben. Lassen Sie den Saft nicht kochen, das schädigt den Geschmack. Hat sich der Zucker vollständig gelöst, schöpfen Sie zuerst den Schaum ab und füllen den Sirup heiß in vorgewärmte Flaschen ein, die sofort verschlossen werden. Die Flaschen lassen Sie bitte langsam abkühlen. Ich stelle sie dazu immer auf eine Decke und breite noch Handtücher darüber. Für die Sirupgewinnung sind aromatische Früchte wie schwarze Johannisbeeren, Himbeeren, Brombeeren und Sauerkirschen am zweckmäßigsten. Aber haben Sie nur den Mut, es mit anderem Obst auszuprobieren. Wenn ich Erdbeersirup herstelle, lasse ich die Früchte kleingeschnitten mit der gleichen Menge Zucker zwei Tage in einem warmen Raum ziehen und gebe sie dann durch ein Tuch. Mit dieser „kalten Methode" der Saftgewinnung gewinne ich den Früchten sogar noch mehr Flüssigkeit ab, von der beim Kochen doch etwas verlorengeht. Diese Art der Entsaftung können Sie auch bei den anderen Früchten anwenden. Hier geben Sie pro Liter Saft dann nur noch 300 g Zucker hinzu.

Die Kinder lieben den süßen Sirup sehr – besonders an heißen Tagen.

Kandiertes Obst

Kandiertes Obst ist eine Delikatesse und lockt schnell alle Kinder an.

Die Herstellung von kandiertem Obst dürfte eigentlich keinem schwerfallen, da es ohne komplizierten Aufwand geht. Das Kandieren selbst verlangt allerdings einige Zeit und Geduld, denn die Früchte müssen solange wieder und wieder in immer dickerer Zuckerlösung liegen, bis sie richtig glasig aussehen.

Das Obst, welches kandiert werden soll, darf auf keinen Fall angefault sein oder Druckstellen haben. Äpfel und Birnen werden geschält, Aprikosen und Pflaumen behalten ihre Schale und können nach Belieben halbiert oder als ganze Früchte kandiert werden.

Kochen Sie die Fruchtstücke weich, die Früchte sollen dabei gerade so vom Wasser bedeckt sein. Bei Äpfeln, Birnen und anderem nicht langfaserigem Obst mache ich immer die Strohhalmprobe. Wenn sich die Obststücke mit einem Halm durchstechen lassen, sind sie fertig.

Die Früchte kommen nun zum Abtropfen auf ein Sieb oder auch ein Tuch, das Kochwasser verwende ich im übrigen auch gleich für die jetzt folgende Sirupbereitung.

Pro einem Liter Wasser werden 700 g Zucker gelöst, eventuell reicht auch weniger. Der so gewonnene Zuckersirup soll schließlich ca. zwei Fingerbreit über den Früchten stehen. Der Sirup wird erhitzt und gerührt, bis der Zucker gelöst ist. Dahinein kommen die Früchte und werden noch einmal kurz aufgekocht. Lassen Sie die Früchte drei Tage ziehen. Dann kommt der Sirup wieder in einen Topf und wird mit einem Pfund Zucker pro Liter weiter eingedickt. Jetzt wieder alles über die Früchte gießen und einen weiteren Tag ziehen lassen. Vier Tage lang verfahren Sie nun so, mit jeweils 100 g Zucker pro Liter zum weiteren Eindicken. Nach der letzten Prozedur lassen Sie die Früchte für noch einmal drei Tage im Sirup stehen. Ganz zum Schluß werden die Früchte abgetropft und für einige Stunden an einem warmen Ort getrocknet.

Im Gegensatz zu Lagerobst darf das sogenannte Wirtschaftsobst ruhig auch geschüttet und angestoßen sein, weil es rasch verarbeitet und dabei sorgfältig ausgeschnitten wird.

Frisches Apfelmus ist schnell zubereitet und schmeckt einfach königlich.

Fruchtmus und Fruchtpasteten

Die einfachste Form der Fruchtmusherstellung ist die, das Obst zu säubern, schlechte Stellen ausschneiden und kleingeschnitten mit wenig Wasser weichkochen. Je nach Geschmack kann das Mus anschließend noch püriert werden. Als Nachtisch oder als Beigabe zum Hauptgericht wird es von vielen als erfrischend fruchtige Ergänzung geschätzt.

Ein ganz köstliches Rezept will ich Ihnen verraten. Nehmen Sie zu einem Kilo kleingeschnittenen Birnen 200 g säuerliche Äpfel dazu. Gemeinsam mit etwas Wasser, einem Glas Weißwein, einigen Löffeln Zucker, zwei Zimtstangen und einer Prise abgeriebener Zitronenschale werden die Früchte weichgekocht. Nehmen Sie den Zimt heraus und streichen alles durch ein Sieb. In hübschen Kompottschüsseln mit Zimt und Zucker bestreut und vielleicht noch mit Mandeln verziert, wird es manchem Festessen das geschmackliche Krönchen aufsetzen (nicht für Kinder).

Brotaufstriche: so werden sie gemacht

Sie kennen sicherlich Pflaumenmus, Zwetschenmus, Powidl oder wie auch immer es an den verschiedenen Orten heißt. Aber auch aus anderen Früchten läßt sich leckeres, lange haltbares Mus als Brotaufstrich zubereiten. Ich möchte Ihnen zunächst die allgemeinen Zubereitungsregeln erläutern: Nehmen Sie lieber schon überreife als unreife Früchte, sonst wird das Mus leicht bitter. Wenn Sie Steinobst wie Pflaumen oder Kirschen verarbeiten möchten, können Sie sich die Arbeit des Entsteinens ersparen. Diese Früchte werden weich gekocht und dann durch ein Sieb gestrichen, die Steine bleiben im Sieb zurück. Andere Früchte werden geschält und zerkleinert in den Topf gegeben und können, um Fasern oder Kernhausreste zu entfernen, ebenfalls durch ein Sieb gestrichen werden.

Benutzen Sie einen breiten Topf und nehmen Sie sich Zeit für die gesamte Zubereitung, denn das Mus muß während des mehrstündigen Kochens stetig umgerührt werden. Die Herstellung von Fruchtmus in der Fettpfanne des Backofens hat sich nicht bewährt. Es dauert zu lange, bis es eingedickt ist, und da ein Umrühren schlecht möglich ist, schmeckt das Mus schnell angebrannt. Zucker muß dem Mus gar nicht zugegeben werden, denn durch den doch erheblichen Wasserentzug steigt die Zuckerkonzentration. Geschmackszutaten geben Sie in das fertige Mus.

Je nach Menge und Hitze dauert das Eindicken fünf bis acht Stunden. Machen Sie eine Probe, wenn das Umrühren schwierig wird. Eine kleine Menge Mus wird auf ein Brettchen gegeben und mit einem Löffel hochgezogen. Fließt es nicht auseinander, ist das Mus fertig. Das Abfüllen in Gläser geschieht so wie bei der Marmelade beschrieben. Lagern Sie das Mus trocken. Mit einer Haltbarkeit von bis zu drei Jahren können Sie sich diese Zeit lang über den Erfolg Ihres Schaffens freuen.

Tips zur Geschmacksverfeinerung

Kirschmus schmeckt besser, wenn Sie wenige zerstoßene Kerne wie Tee überbrühen und diesen „Tee" zum Mus geben. Pflaumenmus können Sie ganz nach Geschmack mit Zitronenschale, Zimt, Nelken und/oder Ingwer verfeinern. Quittenmus wird verbessert, wenn Sie die Schalen und Kerne in wenig Wasser zehn Minuten auskochen und das Kochwasser dem Mus beigeben.

Links: Wenn ich frisches Apfelmus bereite, helfen meine Enkel gerne mit, um sich gleich ein Schälchen abzuholen.

Zwetschen lösen meist besser vom Stein als Pflaumen – da geht das Entsteinen schneller und sauberer.

Oben: Pflaumenmarmelade oder auch Pflaumengelee sind nicht zu verachten. Am leckersten ist und bleibt für mich jedoch richtiges Pflaumenmus.

Leckere Fruchtpasteten

Früher waren die flachen Fruchtquadrate als Seemannskost hoch im Kurs. Sie sind leicht, brauchen wenig Platz und sind voller guter Nährstoffe, obwohl sicherlich etliche Vitamine schon weggekocht wurden. Fruchtpasteten sind eine Weiterführung der Muszubereitung. Sind die Früchte durch das Sieb gestrichen, rühren Sie Zucker unter. Auch für Fruchtpasteten können Sie wahlweise zu Honig greifen. Vergessen Sie nur nicht, daß Honig besonders intensiv süßt. Die Menge ist reine Geschmackssache, und ich kenne Rezepte, die mit 150 bis 200 g Zucker pro Kilo Obstmus auskommen. Sie können den Zuckergehalt aber auch auf halb Obst, halb Zucker erhöhen. Die Pasteten werden dann schneller steif. Bei geringer Zuckermenge kochen Sie die Mischung unter wiederholtem Umrühren solange, bis der Löffel darin stehenbleibt. Der Obstbrei wird nun auf mit Papier belegten Trockenrahmen gestrichen, etwa 1 cm hoch. Die Masse wird im Trockengerät für 12 bis 24 Stunden bei 60 bis 70 °C getrocknet, bis sie schnittfest ist. Das Papier löst sich problemlos von der Pastete. Sie brauchen lediglich die Rückseite anzufeuchten. Spezielles Backpapier ist freilich sehr geeignet und löst sich auf jeden Fall gut ab.

Wenn Sie mehr Zucker verwenden, läßt sich die Mischung unter Umrühren kochen, bis sie sich zu einem fast steifen Brei verdichtet hat, der sich von Topf und

Löffel löst. Sie können die Masse jetzt schon in Formen pressen oder flach auf Bleche streichen. Nach einer Trockenzeit von einem Tag an einem warmen Ort, kann sie zu Formen ausgeschnitten und verpackt werden.

Quittenbrot: **Wenn Sie die geschnittenen Fruchtpasteten in Zucker wälzen, mischen Sie diesen mit etwas Vanille, dann schmecken sie besonders gut.**

Pastetenplatten können in Streifen geschnitten werden. Oder Sie stechen sie mit niedlichen Keksformen aus, so etwas läßt nicht nur Kinderherzen höher schlagen. Blechdosen haben sich zur Aufbewahrung gut bewährt. Auf den Boden der Dose und auf jede Schicht wird Papier, z. B. Butterbrotpapier, gelegt. An einem trockenen Ort halten sich Fruchtpasteten ebenfalls mehrere Jahre. Fruchtpasteten können Sie aus praktisch jedem Obst zubereiten. Um einen ausgeprägten Fruchtgeschmack zu gewinnen, sollten Sie jedoch nur wirklich reifes Obst mit vollem Aroma auswählen. Sicherlich hat jeder seine Vorlieben, aber gerne teile ich Ihnen noch meine Lieblingskandidaten mit: Pasteten aus Aprikosen, schwarzen Johannisbeeren, Sauerkirschen, Quitten oder Wildfrüchten stehen dabei ganz oben auf der Geschmacksskala.

Noch ein paar Tips direkt aus meiner Küche: Wenn ich Quittenpastete, auch Quittenbrot genannt, herstelle, koche ich die abgeriebenen Früchte mit etwas Wasser weich. Anschließend halbiere ich sie und schabe das Fruchtfleisch mit einem Löffel heraus, womit ich auch das besonders aromatische Fleisch direkt unter der Schale erhalte. Die Kerne bleiben im Haarsieb zurück. Fein schmeckt auch Fruchtpastete aus Schlehen. Diese Wildfrucht dürfen Sie aber nicht vor dem ersten Frost pflücken, sonst müßten Sie auf einen Teil ihrer Aromaentfaltung verzichten. Für Erdbeerpastete verwende ich Walderdbeeren (Monatserdbeeren), sie haben ein ausgeprägteres Aroma als Gartenerdbeeren. Wenn ich schwarze Johannisbeeren zu Pastete verarbeite, nehme ich dafür die durch ein Haarsieb gestrichenen Rückstände vom Dampfentsaften. Zu allen Pasteten reiche ich gerne Quark, Schmand oder Sauerrahm.

Links: Diese Waage habe ich noch von meiner Mutter geerbt – doch sie wiegt genausogut wie vor 50 Jahren.

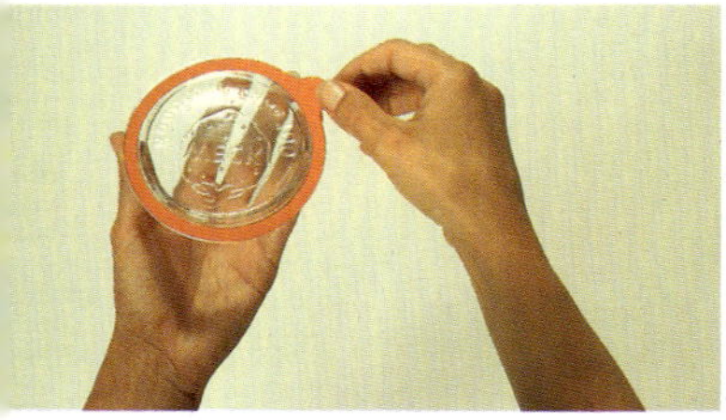

Ganz oben: Richtig einkochen (Bilder von der Firma Weck, Adresse, siehe Seite 152). 1. Glasdeckel umdrehen und den Gummiring rundum an den Auflagerand schieben.

Oben: 2. Jetzt wird der Deckel umgedreht und mit dem Gummiring nach unten auf das Rundrandglas aufgelegt (weiter geht es auf der rechten Seite).

Altbewährtes Einkochen

In diesem Buch werde ich mich hier auf das Einkochen in Gläsern beschränken. Das Verfahren der Einkochprozedur ist stets dasselbe, es ändern sich lediglich Dauer und Temperatur, je nach Art des Einkochgutes. Das Einkochgut wird in die Gläser bis 2 cm unter den Rand eingefüllt. Damit ein zuverlässiger Verschluß gewährleistet ist, wird ein Gummi zwischen Deckel und Glasrand gelegt. Vergewissern Sie sich aber, daß der Rand völlig sauber ist, eventuell muß er noch einmal abgewischt werden. Der Deckel wird mit Metallklammern befestigt, die bis zum Abkühlen am Glas bleiben. Die so vorbereiteten Gläser kommen in einen zum Einkochen geeigneten Topf, vorzugsweise in einen richtigen Einkochtopf. Das dahinein gefüllte Wasser soll dieselbe Temperatur haben, wie der Inhalt der Gläser. Einkochtöpfe besitzen den Vorteil, daß ein Thermometer eingeschoben werden kann, womit uns eine prima Kontrolle über die Temperatur im Inneren gegeben ist. Erhitzen Sie langsam, damit sich die Hitze möglichst vollständig im Glas verteilt. Die allgemeine Regel lautet: Obst und saures Einkochgut wird 30 Minuten auf 90° C sterilisiert. Gemüse pur muß zwei Stunden bei 100° C einkochen. Ich will nicht verhehlen, daß mit der Einkocherei manch unliebsame Überraschung für uns verbunden war. Gläser, die aufgingen und deren Inhalt uns daran gemahnten, daß es hier immer noch etwas zu lernen gab. Tatsächlich stellt die Kunst des Einkochens eine kleine Wissenschaft für sich dar. Kluge Köpfe haben inzwischen für jede Obst- und Gemüseart genaue Temperaturen und Zeiten ausgetüftelt. Wollen Sie in großem Stil einkochen, möchte ich Ihnen nahelegen, entsprechend auskunftgebende Tabellen zu benutzen. Diese sind den Einkochutensilien häufig beigelegt. In dem Gelingen werden Sie heutzutage auch durch die moderne Technik guter Herde, stabile Temperatureinstellung sowie verbesserte Gläser unterstützt.

Vorbereitung der Gläser

Das Wichtigste ist Sauberkeit, womit wir bereits viel für die Haltbarkeit getan hätten. Die Gläser stehen hier an oberster Stelle. Es dürfen keine eingetrockneten Reste am Glas bleiben. Ich habe die Glä-

ser immer einen Tag vorher in eine Wanne mit Wasser gelegt, um auch wirklich alles aufzuweichen. Anschließend wurden die Gläser gereinigt, in ganz heißes, klares Wasser getaucht und auf saubere Tücher zum Trocknen gestellt. Wenn Sie im Besitz einer Spülmaschine sind, können Sie die eingeweichten Gläser wunderbar darin waschen. Der heiße Dampf beim Trockengang schafft Keimfreiheit, die Gläser bleiben bis zum Füllen gut geschützt in der Maschine. Auch die Gummiringe müssen einwandfrei sein. Ausgeleierte oder solche, die im letzten Jahr für Saures benutzt wurden, müssen erneuert werden. Für andere Zwecke im Haushalt können sie vielleicht noch Verwendung finden, bevor sie endgültig porös sind und einreißen. Die Gläser selbst dürfen natürlich ebenfalls keine Beschädigung aufweisen. Es genügt schon eine kleine abgeschlagene Ecke am Glasrand und das Gummi liegt nicht mehr einwandfrei auf.

Oben: 3. + 4. Jetzt werden die Gläser mit zwei gegenüberliegenden Einweck®-Klammern verschlossen.

Feines Gemüse einkochen

Im Prinzip können Sie jedes Gemüse einkochen. Nur werden Sie freilich aus eigener Erfahrung mit gekauften Gemüsedosen oder -gläsern auch wissen, daß manche Gemüsesorten doch recht viel von ihrem Geschmack verlieren. Anders als Obst sind reine Gemüsekonserven nicht so ohne weiteres haltbar zu machen. Das liegt daran, daß sich in Gemüse Bakterien aufhalten, die recht widerstandsfähig gegen Hitze sind. Die Bakterien können im sauren Milieu von Obst, Tomaten, Chutneys oder Essigkonserven nicht überleben. Im Wissen um diesen Zusammenhang haben wir früher das Gemüse deshalb oft mit einem Essigzusatz eingekocht. Das verträgt sich freilich nicht immer mit dem Eigengeschmack der Einkochware, der doch möglichst unbeschadet erhalten bleiben soll. Weil wir auf unsere eigenen Vorräte angewiesen waren, solange der Garten noch nichts hergab, blieb uns

Paprika als Beilage und zum Würzen. Nicht nur selbst eingekocht, vor allem selbst abgeschmeckt.

allerdings oft nichts anderes übrig. Gemüse ohne Essigzusatz einzukochen, ist allerdings auch möglich, mit entsprechendem Mehraufwand; wir haben unsere Gemüsegläser dafür zweimal im Abstand von zwei Tagen sterilisiert.

Wie gehen wir also vor? Ernten Sie das Gemüse nicht bei großer Hitze und Trockenheit. Das wirkt sich schlecht auf die Haltbarkeit aus. Wenn es nicht zu vermeiden ist, müssen Sie die Sterilisationszeit um etwa zehn Minuten verlängern. Das Gemüse soll immer erntefrisch verarbeitet werden; morgens geerntet, soll es abends in den Gläsern sein. Nehmen Sie ausschließlich einwandfreies Gemüse ohne faule oder gedrückte Stellen, und waschen Sie das Gemüse gründlich ab. Das Gemüse wird vor dem Einfüllen in die Gläser halb weich gekocht. Das nimmt je nach Art fünf bis acht Minuten in Anspruch. Nach dem Vorkochen müssen Sie das Gemüse sofort mit kaltem Wasser überbrausen und zum Abtropfen ausbreiten. Leider läßt sich das Vorkochwasser nicht mehr verwenden. Ist das Gemüse dicht in die Gläser gepackt, füllen wir mit einem Salzwasseraufguß (10 g pro Liter) bis 2 cm unter den Rand auf; eine neue Gläserform kann randvoll gemacht werden. Der Aufguß muß nicht unbedingt abgekocht werden; bei hartem Wasser empfiehlt es sich aber, um den Kalkgehalt zu reduzieren. Nun die Gläser verschließen, sofort in den Einkochtopf stellen und, wie auf Seite 114 beschrieben, einkochen.

Nun gebe ich noch einige Hinweise zu verschiedenen Gemüsen: Blattgemüse muß besonders gründlich gewaschen werden. Wechseln Sie das Waschwasser zwei- bis dreimal. Um Nährstoffverluste zu vermeiden, sollten Sie dieses Gemüse erst nach dem Waschen zerkleinern. Blumenkohl legen Sie, schon in Röschen geteilt, für ein bis zwei Stunden in Salzwasser, damit eventuell darin befindliche Raupen herauskriechen. Außerdem wird dem Kochwasser Zitronensäure zugesetzt, entweder 1 g Säure oder ein Eßlöffel Saft. Das gilt auch für andere helle Gemüse, die ihre Farbe behalten sollen. Spargel muß aufrecht stehen, die Köpfchen zeigen in den Gläsern folglich nach oben. Ein hilfreicher Trick macht eine Ausnahme mit ein paar Stangen, sie kommen mit dem Kopf nach unten in die Mitte der Gläser und werden beim Öffnen zuerst herausgenommen. Für die Spargelstangen können sehr gut schlanke hohe Gläser verwendet werden.

Aus halbierten, eingekochten Selleriescheiben läßt sich ein leckerer Salat zubereiten. Füllen Sie die Scheiben beim Einkochen nicht zu eng ins Glas, die Flüssigkeit muß noch zirkulieren können. Angerichtet wird der Salat mit gehackten Zwiebeln, Salz, Pfeffer, Essig und Öl.

Machen Sie sich bitte die Mühe, Ihre Gemüsegläser öfter mal zu kontrollieren. Es kommt bei Gemüse immer wieder vor, daß einige Gläser undicht werden. Offene Gläser sind keinesfalls mehr für die Küche zu gebrauchen. Auch in dichtgeschlossenen Gläsern kann der Inhalt verdorben sein. Wenn das Gemüse säuerlich oder verdorben riecht oder der Aufguß trübe ist, sollten Sie den Inhalt wegtun. Sind Sie sich nicht sicher, ob der Geruch ohne Tadel ist, erwärmen Sie das Gemüse. So tritt der Geruch deutlicher hervor. In Zweifelsfällen sollten Sie Verzicht üben, denn die Zersetzungsstoffe von Gemüse sind häufig hochgiftig.

Ganz links: Markerbsen kommen vorgekocht und gut abgetropft ins Einkochglas. Sie sind saftiger als Palerbsen.

Links: Zur Geschmacksabrundung gebe ich zu den Möhren und auch zu den Erbsen etwas Zucker mit in den Aufguß.

Gewürzmischung für Gurken gibt es fertig zu kaufen. Bevorzugen Sie eine milde Würzung, sammeln Sie einfach die kleinen roten Pfefferschoten und den Ingwer heraus. Ergänzen könnten Sie die Mischung mit Dillblättern und -blüten.

Essiggemüse – mal süßsauer, mal pikant

Wie ich auf Seite 114 ff. bereits erwähnte, ist die Haltbarkeit von Essiggemüse viel besser, und auch die Einkochzeit ist erheblich kürzer. Ja, wir können auf das Einkochen sogar ganz verzichten, wenn wir 5%igen Essig verwenden und das Gemüse vollständig damit bedecken. Meist wird das Gemüse dann aber doch zu scharf, eine Wasser-Essig-Mischung ist geschmacklich letztlich die befriedigendere Lösung.

Wir haben früher allerlei angestellt, um unsere Ernte bis zum nächsten Jahr zu erhalten. Was nicht gelagert wurde, haben wir getrocknet oder eingekocht. Von den Schwierigkeiten, die beim Einkochen von Gemüse eintreten, habe ich bereits berichtet. Wir konnten uns Unsicherheiten bezüglich der Haltbarkeit einfach nicht leisten, und so wurden nicht ausschließlich Gurken, sondern alles, was an Gemüse anders nicht haltbar zu machen war, mit Essig versetzt. Vorsichtshalber geschah dies sogar mit Obst. Das Ergebnis ist eine Fülle von Rezepten, die heute keiner mehr missen will. Freilich kamen auch eine ganze Menge Rezepte zustande, die fast ein wenig abwegig klingen mögen, so daß wir uns gar nicht mehr vorstellen können, daß sie damals zumindest in jedem Standardwerk zu finden waren: Quitten eingelegt mit Salz, Essig, Lorbeer, Muskatblüte und Nelken; Pflaumen mit Essig, Zucker, Zimt, Nelken und Senfkörnern. Oder Kirschen in Zucker und Essig, gewürzt mit Cayennepfeffer! Liebe Leser, liebe Leserinnen, jetzt vermute ich doch bei dem einen oder anderen ungläubiges Staunen. Aber bedenken Sie nur: Die leckeren, fruchtig scharfen Chutneys, wie sie heute als Soßen zu Fondues gereicht werden, müssen doch schließlich nicht immer aus Mangos, Papayas und Passionsfrucht hergestellt sein.

Vieles, was aus unserem Garten stammt, eignet sich keineswegs weniger gut. Und wenn es zutrifft, daß vielen Menschen die exotischen Früchte nicht immer bekömmlich sind, ist dies zusätzlich ein Grund, es einmal mit heimischen zu probieren. Vom Essiggemüse

Rechts: Der Kürbis ist eine viel zu wertvolle Küchenfrucht, als ihn in Vergessenheit geraten zu lassen.

Früher haben wir kiloweise Gurken eingemacht. Meist reichten die Gläser trotzdem nicht bis zur nächsten Ernte.

Zwischen dem Pflücken und den fürs Einkochen fertigen Gurken liegt das mühevolle Bürsten und Waschen.

sind uns die Gurken, Mixed Pickles, Sellerie und ähnliches erhalten. Etliche Zusammenstellungen, die ich Ihnen vorstellen werde, sind vermutlich eher unbekannt. Für das Einkochen mit Essig gelten die gleichen Regeln, wie ich sie auf Seite 114 ff. beschrieben habe, nur daß dickflüssige Chutneys und Ketchup besser heiß in die Gläser gefüllt wird. Bevor ich Ihnen die Rezepte vorstelle, noch einige Hinweise zu den Gemüsen:

Es gibt spezielle Einlegegurken. Die Früchte sollten bei einer Wuchslänge von 6 bis 10 cm geerntet werden. Für Senfgurken können Sie auf große Gurken zurückgreifen. Vom Paprika sind nur die Früchte verwertbar, die ziemlich fleischig sind. Dünnwandige oder dunkelgrüne Früchte finden eher als Gewürzbeigabe Verwendung. Früchte sollten gerade so eben ihre Reife erreicht haben, d. h. noch fest, aber bereits aromatisch sein. Tomaten können grün und rot eingelegt werden. In Chutneys kommen die gelben Sorten farblich gut zur Geltung. Tomaten mit oder ohne Kerne und Schale ist wohl Geschmackssache. Wer es ohne möchte, streicht die Früchte durch ein Sieb. Für Ketchup sind die speziellen Ketchuptomaten richtig, wenn Sie keine bekommen, nehmen Sie Fleischtomaten.

Unten: An die sauren Gurken gehört Dill.

Ganz unten: Für Chutney, aber auch für das Einkochen von Gurken werden zahlreiche Zwiebeln gebraucht.

Kürbis, süß-sauer

Kürbis vierteln und faserige Bestandteile und Kerne mit dem Löffel abschaben. Schale entfernen, Kürbisfleisch in Streifen oder Würfel schneiden, in eine Schüssel legen und mit Weinessig bedeckt 48 Stunden ziehen lassen. In einem Durchschlag abtropfen lassen, abwiegen und die gleiche Menge Zucker in wenig Wasser gelöst kochen und abschäumen. Als Gewürz können Zimt, Nelken und Ingwer mitgekocht werden. Kürbisstücke in die Zuckerlösung legen und glasig kochen, Kürbis in Einmachgläser füllen, mit Zuckerlösung übergießen und sterilisieren.

Saure Gurken

Gewürzmischung für Gurken kaufen oder selbst zubereiten: sieben Eßlöffel Senfkörner, zwei Teelöffel Koriander, ein Teelöffel gehackter Ingwer, vier zerkleinerte Lorbeerblätter, ein Eßlöffel Pfefferkörner, ein Teelöffel Fenchel, alles in ein Glas füllen und ordentlich schütteln.
5 bis 8 cm lange, schlanke Einlegegurken waschen und bürsten, zum Abtropfen in ein Sieb geben. In jedes 1-Liter-Glas eine Dillblüte, zwei fingerlange Estragonzweige, eine geviertelte Zwiebel und zwei Eßlöffel Gewürzmischung füllen. Gurken einschichten, ein Eßlöffel Salz und zwei Eßlöffel Zucker darübergeben, mit einer Mischung aus einem Drittel Essig und zwei Dritteln Wasser auffüllen, verschließen und sterilisieren. Gewürzgurken müssen wenigstens sechs Wochen durchziehen, bevor sie gut schmecken.

Senfgurken

Reife (gelbe) Gurken schälen, halbieren, die Kerne ausschaben und in Würfel schneiden. In jedes Glas eine geviertelte Zwiebel, ein Eßlöffel Senfkörner, etwas Basilikum und Estragon sowie einige Nelken, Pfeffer- und Pimentkörner geben. Gurken einfüllen und einen gestrichenen Eßlöffel Salz darübergeben.
Mit Essigmischung (siehe saure Gurken) auffüllen, Gläser schließen und sterilisieren.

Mixed pickles oder Essiggemüse

Die Gemüsemischung kann bestehen aus: kleinen Blumenkohlröschen, in Streifen oder Stifte geschnittenen Möhren, Sellerie, Rettich und Kürbis, kleinen Gurken und unreifen Maiskolben, jungen Bohnen, Gurkenscheiben, Perlzwiebeln und Schalotten. Gemüse putzen, zerkleinern und in Salzwasser halb gar kochen, abtropfen und in Gläser füllen. Aufgegossen wird mit einem Gewürzessig: ein Liter Weinessig zum Kochen bringen und mit einem Eßlöffel Salz, zwei Eßlöffeln Pfefferkörner, einem Eßlöffel Ingwer und einigen Estragonblättern verrühren, einen Tag ziehen lassen und abseihen. Gläser verschließen und sterilisieren.

Bei Chutney und Ketchup kann man im Laufe der Jahre die für sich selbst geschmackvollste Mischung herausfinden.

Apfelchutney

Drei Pfund kleingeschnittene Äpfel mit einem Pfund gehackten Zwiebeln in einem Topf vermischen, mit einer Tasse Wasser übergießen und 20 Minuten kochen. Einen gestrichenen Eßlöffel Salz, einen Eßlöffel gemahlenen Ingwer, einen Teelöffel Zimt, einen halben Teelöffel Pfeffer und einen Viertelliter Wein- oder Kräuteressig hinzufügen, kochen, bis die Zwiebeln völlig weich sind. Einen Viertelliter Apfelmost, einen Viertelliter Essig und ein Pfund Zucker hinzufügen, auf kleiner - Flamme eindicken, heiß in Gläser füllen und sterilisieren.

Stachelbeerchutney

Ein halbes Pfund Zwiebeln grob hacken, mit etwas Wasser weichkochen und kurz abtropfen lassen. Zusammen mit gut drei Pfund Stachelbeeren, 300 g Rosinen, 600 g Zukker, zwei Teelöffeln gemahlenen Ingwer, zwei Teelöffeln Cayennepfeffer oder Rosenpaprika, einem Eßlöffel Salz und einem Viertelliter Wein- oder Kräuteressig zu einer dikken Masse einkochen, einen weiteren Viertelliter Essig hinzufügen und noch etwas eindicken. Heiß in Gläser füllen und sterilisieren.

Das waren nur zwei Chutneyrezepte, Ihnen fallen sicherlich noch viele Möglichkeiten ein.
Die Geschmacksrichtung sollte immer süß-sauer sein, also dürfen Sie

Essig ist nicht gleich Essig. Obstessig schmeckt fruchtig frisch, Weißweinessig besitzt ein durchaus zart zu nennendes Aroma. Für Tomaten beispielsweise ist Rotwein- oder Sherryessig eine sehr passende Wahl. Oder vielleicht bereiten Sie einmal Mixed Pickles mit Kartoffelessig zu.

weder Zucker noch Essig weglassen. Beides trägt auch nicht unwesentlich zur Haltbarkeit bei.

Tomatenketchup

Würzmischung mit gut $^1/_4$ l Essig erhitzen, (ich nehme immer einen halben Teelöffel Rosenpaprika, vier Lorbeerblätter, sechs Pfefferkörner, drei Pimentkörner, je ein Teelöffel Fenchel, Kümmel, Ingwer und Koriander, sechs Eßlöffel Senfkörner), kurz vor dem Sieden vom Feuer nehmen und beiseite stellen. Inzwischen 4 kg Tomaten zerkleinern und ohne Wasser kochen, bis sich die Schale löst.
Masse durch Sieb geben, 500 g weichgekochte, pürierte Zwiebeln mit 1 kg Zucker, 150 g Salz, je 1 Tasse Öl und Essig auf kleiner Flamme verrühren, bis sich alles gelöst hat. Tomatenmasse zugeben, unter Rühren zum Kochen bringen und Würzessig unterrühren, evtl. auf kleiner Flamme noch eindicken. Heiß in Gläser füllen und sterilisieren. Man kann auch mit Curry oder Tabasco würzen.

Zu den geschälten Tomaten gebe ich des Geschmacks wegen frisches Basilikum mit ins Glas.

Es lohnt sich in jedem Fall, Obst einzukochen. So lassen sich größere Mengen leicht konservieren und hinterher vielseitig verwenden.

Obst einkochen

Wir dürfen feststellen, daß eigentlich jedes Obst problemlos eingekocht werden kann. Üblicherweise wird das Obst mit Wasser aufgegossen. Je enger Sie es in die Gläser füllen, desto weniger Wasser hat Platz darin, was dem Geschmack zugute kommt. Eine Beigabe von Zucker ist nicht unbedingt erforderlich; da aber durch Hitze die Säure des Obstes stärker hervortritt, ist es häufig sinnvoll nachzusüßen. Man rechnet pro Liter Aufguß 200 bis 500 g Zucker, das ist jedoch reine Geschmackssache. Sie können dafür jede Zuckerart, auch Dicksäfte aus Apfel und Birnen nehmen (erhältlich im Reformhaus oder Naturkostladen). Die Regeln habe ich bereits auf Seite 114 beschrieben. Statt Wasser können Sie auch den entsprechenden Obstsaft zum Aufgießen verwenden, das Nachzuckern erübrigt sich dann.

Äpfel: Damit die Farbe der frisch geschälten Äpfel erhalten bleibt, müssen die Früchte umgehend in Wasser gelegt werden. Nach dem Einfüllen in Gläser, gießen Sie den Aufguß gleich hinzu. Möchten Sie die eingekochten Äpfel zur Verwendung für Kuchen weiterverarbeiten, können Sie Zimt und Rosinen gleich miteinfüllen.

Birnen: Lediglich Sorten mit viel Geschmack lohnen sich. Verfeinert werden die halbierten Birnen durch eine Stange Zimt, Vanille, Zitronenschale oder vier

Süßkirschen koche ich mit Stein ein, weil sie dann einfach aromatischer schmecken.

Nelken pro Glas. Auf gleiche Weise wie Äpfel können wir sie vor dem Braunwerden schützen.

Erdbeeren: Sie müssen fest und auch im Innern rotfleischig sein. Damit den in Gläsern eingemachten Erdbeeren ihr leuchtendes Rot erhalten bleibt, sollten Sie etwas Kirschsaft in den Aufguß mischen und die Gläser dunkel lagern. Erdbeeren dürfen nicht in kochendem Wasser stehen. Achten Sie darauf, daß die Temperatur im Einkochtopf nicht über 90 °C klettert. Manchmal steigen Erdbeeren beim Einkochen nach oben. Ist das der Fall, stellen Sie die Gläser nach dem Abkühlen für einige Wochen auf den Kopf.

Kirschen: Sie erhalten ein edles Mandelaroma, wenn Sie einige Kerne unten ins Glas legen. Wenn Sie die Kirschen entsteinen und den dabei anfallenden Saft auffangen, können Sie damit aufgießen. Sauerkirschen für Kuchenbelag werden entsteint fest in die Gläser gedrückt und mit Saft aufgegossen. Zucker geben Sie bitte je nach Geschmack zu.

Pfirsiche: Reife Früchte wandern für einige Minuten in kochendes Wasser und werden anschließend kalt abgebraust. Das Häuten geht danach einfacher von der Hand. Legen Sie die halbierten Früchte mit der Schnittfläche nach unten in Gläser und füllen Sie unverzüglich mit heißer Zuckerlösung auf. Wenn Sie die Gläser sofort verschließen, wird ein Verfärben der Früchte verhindert. Gehen Sie so vor, daß die gerade halbierten Früchte ohne Verzögerung verarbeitet werden, folglich ein Glas nach dem anderen fertiggestellt wird. Zwei bis drei ganze Kerne der Frucht mit ins Glas genommen, bereichern unser Geschmackserlebnis mit dem gewissen Etwas.

Pflaumen werden vor dem Einkochen entsteint. Birnen hälfte ich und gebe in jedes Glas eine bißchen ungespritzte, mit Nelken gespickte Zitronenschale.

Quitten: Die geschälten und geviertelten Früchte in ein mit Salzwasser getränktes Tuch einschlagen, um Verfärbungen zu verhindern. Kochen Sie die Quitten in Zuckerwasser, bis sie, mit einer Stricknadel eingestochen und angehoben, von dieser abfallen. Dann die Früchte in Gläser füllen und mit der abgeseihten (Haarsieb) Zuckerlösung übergießen.

Renekloden und Mirabellen: Knapp reife Früchte stellen die beste Wahl dar. Sticheln Sie die Früchte vor dem Einfüllen mit einer dünnen Nadel ringsrum ein. Flotter geht das, wenn Sie durch ein Stück Korken mehrere Stecknadeln führen und damit sticheln. Die oberste Fruchtschicht, die nicht vollständig mit Flüssigkeit bedeckt ist, wird oft häßlich braun. Das können Sie auf ganz einfache Weise verhindern. Anstatt wie üblich nach dem Füllen und Verschließen die Gläser gleich einzukochen, werden sie über Nacht kühl gestellt und erst dann weiterverarbeitet. Wichtig ist nur, daß Sie für die Gläser einen wirklich kühlen Platz aussuchen, damit es unter keinen Umständen zu einer Gärung kommt.

Stachelbeeren: Nehmen Sie unreife grüne Früchte. Ein Tip: Gestichelte Stachelbeeren platzen nicht. Aus Gründen der Geschmacksverbesserung werden die Beeren vor dem Einfüllen mit der kochenden Zuckerlösung übergossen und darin gelassen, bis sie leicht gelbfarben aussehen.

Zwetschen: Je nach Vorliebe ganz oder halbiert in Gläser füllen. Wenn Sie die Zwetschen als Kuchenbelag verwenden möchten, schichten Sie halbierte Früchte dicht und streuen Sie etwa zwei Eßlöffel Zucker pro Glas dazwischen. Auf einen Aufguß können Sie hinterher verzichten.

Selbstgemachte Obst- und Gemüsesäfte

Die Herstellung von Obstsaft – nicht nur zur Geleeherstellung – lohnt sich, sofern Sie von vielen Obstbäumen und Beerensträuchern ernten können. Säfte lassen sich auf verschiedene Weise herstellen. Für alle Verfahren gilt: Alles, was mit dem Saft in Berührung gerät, muß absolut sauber sein. Die Flaschen und Verschlüsse bleiben nach dem Reinigen am besten über Nacht und solange im Wasser, bis sie befüllt werden. Gummikappen (in Drogerien zu erstehen) haben gegenüber Schraubverschlüssen den Vorteil, daß sie bei Gärung von den Flaschen hüpfen. Zugeschraubte Flaschen hingegen laufen Gefahr, zu platzen. Die Flaschen müssen bis zum Rand mit dem heißen Saft befüllt werden, entstehender Schaum wird abgeschöpft, anschließend langsam auskühlen lassen. Dampfentsaften: Es ist alles in allem das unkomplizierteste Verfahren. In spezielle Töpfe oder Aufsätze für Einkochtöpfe schütten wir das Obst in ein Sieb. Im unteren Teil wird Wasser gekocht, dessen Dampf durch das Obst strömt. Das Obst platzt auf, gibt seinen Saft frei, der im mittleren Teil aufgefangen wird. Von hier aus kann der Saft durch einen Schlauch gleich heiß in die Flaschen gefüllt werden. Sollten Sie sich für diese durchaus elegante Methode entschließen, legen Sie sich keinen Entsafter aus

Diese einfache Konstruktion ist auch heute noch eine gute Methode zur Saftgewinnung für Sirup und Most. Schließlich kann sich nicht jeder eine Obstmühle und Mostpresse leisten.

Selbst hergestellte Säfte lassen sich in verschiedenen Gläsern aufbewahren.

Aluminium zu. Die Obstsäure reagiert mit diesem Metall, Saft schmeckt oft entsprechend; mir scheint dies nicht sonderlich gesund zu sein.

Beim Dampfentsaften muß das Obst lediglich gewaschen werden. Wenn Sie Zucker zusetzen möchten, lassen Sie das Obst vor dem Kochen einige Stunden in der Süße ziehen. Ungefähr eine Stunde lang dauert der Kochvorgang. Ich drücke die zerkochten Früchte dann noch einmal mit dem Kartoffelstampfer. Darauf wird der Saft direkt vom Topf heiß in die vorgewärmten Flaschen gefüllt und diese sofort verschlossen. Stellen Sie Flaschen zum Füllen in ein mit heißem Wasser gefülltes Litermaß. Den ersten halben Liter, wovon sich ja ein Teil im kühleren Schlauch befindet, gießen Sie am besten noch einmal in den Topf zurück. Nehmen Sie den Topf erst vom Herd, wenn der Saft eingefüllt ist, sonst gelangt er nicht heiß genug in die Flaschen.

Um mir nicht die Finger zu verbrennen, lege ich ein mehrfach gefaltetes Handtuch um den Flaschenhals.

Entsaften durch ein Tuch: Ohne teure Geräte und mit geringem Aufwand können Sie Obst durch ein Tuch entsaften. Diese Methode halte ich im übrigen für einige weitere Verwendungen neben dem Pressen für die beste. Wie die Vorrichtung zum Entsaften gefertigt wird, können Sie aus dem Foto Seite 126 ersehen.

Das Obst wird zur Vorbereitung gewaschen, von schlechten Stellen befreit und kleingeschnitten. Beerenobst wird nur kurz gespült. Entweder Sie kochen es dann mit wenig Wasser kurz auf, bis die Oberfläche weich wird, die ersten Früchte vielleicht platzen, oder Sie übergießen die Früchte mit ein wenig kochendem Wasser (Himbeeren und Brombeeren). Zucker sollte jetzt untergerührt werden, darauf müssen die Früchte für einige Stunden zum Saftziehen im Topf stehenbleiben. Über Nacht kommt der Fruchtbrei ins Tuch und kann am nächsten Tag noch ordentlich ausgedrückt werden. Wenn Sie eher klaren Saft bevorzugen, müssen Sie den Saft im Gefäß stehen lassen, bis sich die Trübung als Bodensatz absetzt. Ohne umzurühren, wird der Saft nun in einen Topf gegossen und seiner weiteren Verwendung zugeführt. Möchten Sie ihn in Flaschen füllen, muß er vorher auf etwa 80 °C erhitzt werden.

Wenn Sie gerne frischen Gemüsesaft trinken, können Sie sich das Vernügen mit einem kleinen elektrischen Entsafter öfters ohne große Umstände bereiten. Mit diesem Gerät lassen sich sehr flott herzhafte, ungemein gesunde Rohsäfte bereiten. Das Einkochen von Gemüsesäften lohnt meiner Meinung nach nicht, es gehen letztlich zu viele wertvolle Inhaltsstoffe dabei verloren.

Rechts: Knackige Krautparade – aus Weißkohl wird Sauerkraut, aber auch Wirsing und Rotkohl können Sie einmal probieren.

Die Milchsäuregärung

Sauerkraut ist das bekannteste durch Milchsäuregärung gewonnene Lebensmittel. Die Herstellung derart haltbar gemachter Nahrung ist recht einfach. Sie gelten nicht nur für den Sauerkraut-Kohl, sondern ebenso für andere Gemüse wie Gurken. Als Lagergefäße greifen wir zu denen aus Glas, Steingut oder Holz. Eine große Erleichterung sind die Steinguttöpfe mit einem Tauchdeckel, der in eine Wasserrinne gelegt wird. Für die anderen Gefäße braucht man einen passenden Deckel, der aber nicht fest geschlossen werden darf, damit die Gärgase entweichen können. Für große Gläser böte sich ein Teller an. Das Zubehör besteht aus Brettchen, die das Gemüse unter der Flüssigkeit halten und einem Stein, der zum Beschweren auf das Brettchen gelegt wird. Der Stein muß säurefest sein, sonst können leicht Geschmacksbeeinträchtigungen oder Fehlgärungen die Folge sein. Granit erweist sich als sehr brauchbares Material.

Alles muß akkurat gesäubert sein. Die Gärgefäße und das Zubehör übergießen sie mit kochendem Wasser und stellen alles zum Trocknen am besten in die Sonne. Die Gefäße werden schon beim Entleeren gründlich gereinigt und beim Wiederbefüllen noch einmal. Der Gärprozeß kommt nur unter Luftabschluß in Gang. Kleingeschnittenes Gemüse (wie für Sauerkraut) wird gepreßt, anderes (z. B. Gurken) mit Salzwasser aufgegossen. Dann ist darauf zu achten, daß die Flüssigkeit wenigstens 5 cm über dem Gemüse steht. Um zu verhindern, daß es hochsteigt, wird es mit den Brettchen und dem Stein beschwert. Wenn Sie einen Tauchdeckeltopf haben, ist es nun ganz einfach: Sie füllen Wasser in die Deckelrinne und kontrollieren öfter, ob noch genügend Wasser in der Rinne steht. Der Deckel bleibt geschlossen, und um den Inhalt brauchen Sie sich bis zum Abschluß der Gärung nicht zu sorgen. Dagegen bei den anderen Gefäßen: Hier muß ständig der Wasserstand im Gefäß kontrolliert und die auf der Oberfläche entstandene weiße Kahmhefe abgeschöpft werden. Breitet sich diese aus, kann uns das Gemüse leicht verderben. Fehlende Flüssigkeit wird mit abgekochtem, abgekühlten Salzwasser (ein Teelöffel pro Liter) nachgefüllt. Nun zur Gärung selbst: Damit sie rasch in Gang kommt, stellen wir die Gefäße in den ersten 10 bis 14 Tagen ins Warme. Später kommen die Töpfe in den kühlen Keller, und nach etwa sechs Wochen ist alles gut durchgezogen. Wenn man das noch nie gemacht hat, befürchtet man doch schnell mal, daß alles schiefgelaufen ist. Weil es etwas ungewohnt riecht und diese weißen Schlieren entstehen, die jedoch gar kein Schimmel sind (oberste Schicht einfach abheben). Wer hier sehr sicher gehen will, daß alles richtig klappt, der sollte dem Aufguß reine Molke (Reformhaus) beimischen.

Unten: Heutzutage gibt es spezielle Töpfe für Milchsaures zu kaufen.

Milchsauer vergorene Feinkost erhalten wir auch aus Mairüben, in Streifen geschnitten, roten Rüben, ebenfalls in Streifen beziehungsweise Scheiben geschnitten, oder gebrühten Bohnen und anderen Gemüsen. Als gekochte oder rohe Beilage serviert, stellen sie eine pikant gesunde Ergänzung dar.

Salzgurken und Sauerkraut – pikant und gesund

Salzgurken: Wählen Sie schlanke, feste Gurken. Früchte mit weit entwickelten Samen eignen sich nicht, sie werden weich und hohl. Sticheln Sie die Früchte ringsrum an, nachdem sie gewaschen und abgetrocknet wurden. Packen Sie die Gurken eng in die Gefäße, und streuen Sie die Gewürze dazwischen. Die Kräuter nicht kleinschneiden, sie steigen sonst hoch. Dillkraut und -blüten gehören als klassische und gewissermaßen unerläßliche Beigaben einfach dazu. Je nach Geschmack können Sie darüber hinaus z. B. Basilikum, Pfeffer- oder Senfkörner, Koriander oder Piment oder auch alles zusammen beimischen.

Bereiten Sie einen Aufguß vor, der pro Liter Wasser 50 bis 60 g Salz enthält. Sie können den Aufguß erwärmen, damit sich das Salz besser auflöst. Über die Gurken kommt er dann mit einer Temperatur um 20 °C. Die Gärung ist nach etwa zwei bis drei Wochen abgeschlossen. Ist alles in Ordnung, haben die Gurken ein glasiges Aussehen und sind schön bißfest. Jetzt müssen sie kühl gelagert werden.

Wenn Sie sich eine regelmäßige Kontrolle ersparen möchten, machen Sie es wie ich, und kochen Sie die fertigen Salzgurken in Gläsern ein.

Wenn ich im Oktober das Sauerkraut ansetze, ist es zum ersten Advent fertig.

Schichtweise wird der gehobelte Weißkohl eingelegt und gewürzt. Das dichte Feststampfen muß sein, damit möglichst keine Zwischenräume bleiben und das Kraut nicht fault.

Das sind die möglichen Zutaten für die Salzgurken. Ihr Geschmack entscheidet, ob Sie alle oder nur einige davon verwenden.

Die Salzgurken müssen unbedingt mit einer Holzzange aus dem Gurkenfaß geholt werden.

Sauerkraut: Greifen Sie für die Sauerkrautherstellung zu den Herbstkohlsorten. Das Kraut wird von Strunk und Außenblättern befreit. Heben Sie einige schöne Blätter auf, wovon ein paar unten in den Topf kommen und die anderen später als Deckschicht auf das Kraut gelegt werden. Das Kraut erhält seinen schönsten Schnitt mit einem Krauthobel. Mit der Hand geschnitten, wird das Kraut oft nicht fein genug. Ersatzweise können Sie es mit der Küchenmaschine schneiden.

Stellen Sie ein großes Gefäß bereit. Darin wird das Kraut mit Salz gemischt. Pro 10 kg Kraut rechnet man 150 g Salz. Gewürze kommen jetzt oder beim Einschichten in das Kraut. Gewöhnlich nimmt man Wacholder (vier Beeren pro Kilo), es paßt auch Kümmel. Apfelstücke saurer Sorten verfeinern den Geschmack; und ein weinartiges Aroma gewinnen Sie, wenn Sie jeder Schicht einige Apfelstücke, süße saftige Weintrauben und Erbsen beilegen. Die Mischung kommt nach und nach in Schichten von 20 cm in den Gärtopf, die jedesmal solange gestampft werden, bis sie reichlich Saft gezogen haben. Obendrauf legen Sie die aufgehobenen Blätter, ein abgekochtes sauberes Tuch, Brettchen und Stein. Reicht der Saft nicht, um auch das Brettchen zu bedecken, kann mit abgekochter, abgekühlter Salzlösung (2 g pro Liter) nachgegossen werden. Sauerkraut darf bei höchstens 18 °C gären, sonst wird es weich; nach zwei bis drei Wochen gehört es ins Kühle.

Kräuter und Gemüse einsalzen – aromatische Würze für Ihre Küche

Mit Salz haltbargemachter Knoblauch ist als Gewürz sehr gut geeignet. Hartgesottene streichen die Paste auch pur aufs Brot.

Für einiges, das wir haltbar machen möchten, genügt uns Salz. Kräuter und verschiedene Gemüse können mit diesem Urstoff konserviert werden. Je nach Rezept wird das Salz entweder pur verwendet, oder es wird außerdem noch eine Salzlösung hinzugegeben. Damit Salz seine haltbarmachende Wirkung entfaltet, muß es mindestens mit 15 % in der Mischung enthalten sein. Da eine gleichmäßige Verteilung nicht immer gewährleistet ist, empfehle ich Ihnen einen Salzzusatz von 200 bis 300 g pro Kilo Kraut oder Gemüse.

Kräuter können Sie roh einsalzen, Gemüse wird besser vorgekocht. Hier reichern Sie bereits das Kochwasser mit einer erheblichen Menge Salz an: ein Eßlöffel pro Liter.

Welches Salz Verwendung findet, sollten wir nach persönlichen Vorlieben entscheiden. Normales Kochsalz, Meersalz oder Jodsalz wirkt gleichermaßen konservierend. Die Kräuter- oder Gemüsemischung wird in einer Schüssel angerührt und dann in die Gläser gefüllt. Dabei ist behutsam vorzugehen. So soll zwar alle Luft herausgedrückt werden, aber wenn Sie zu fest pressen und besonders die Kräuter zuviel Saft dabei einbüßen, geht viel vom Geschmack verloren. Die Gläser füllen Sie bis fingerbreit unter den Rand. Auf die fertige Mischung kommt noch einmal eine feine Schicht Salz, um die Oberfläche vor Schimmel zu schützen. Sie können die Gläser mit Schraubdeckeln verschließen oder fest mit Pergament oder Zellophan zubinden.

Nehmen Sie für das Einsalzen von Kräutern oder Würzgemüse kleine Gefäße. Angebrochene Mengen halten sich zwar im Kühlschrank noch einige Zeit, verlieren aber an Geschmack. Allerlei käufliche Lebensmittel sind in Gläser passender Größe untergebracht, beispielsweise Kapern. Ein paar dieser Gläser heben wir eben auf.

Lagern Sie Ihr Eingesalzenes trocken. Das ist wichtig, weil Salz Feuchtigkeit aus der Luft zieht, was besonders bei zugebundenen Behältern, die ja dennoch Luft durchlassen, zu geringerer Haltbarkeit führt.

Kräuter lassen sich mit Salz schnell konservieren und sind dann vielseitig verwendbar.

Würzige Mischung

Je 300 g Möhren, Sellerieknollen und Petersilienwurzeln putzen und in kleine Würfel schneiden, in Salzwasser (siehe Text) weichkochen und sofort in kaltem Wasser abkühlen. 100 g Kräutermischung (Zubereitung siehe Petersilie) aus zum Beispiel Petersilie, Liebstöckel, Sellerieblättern, Dill, Thymian, Basilikum zusammen mit 250 g Salz mit dem Gemüse verrühren und die Mischung wie im Text beschrieben in Gläser füllen.
Diese Mischung wird dann wie Brühe dem Eintopf vor dem Kochen zugegeben, untergemengt und mitgegart.

Knoblauchgewürz

Knoblauchzehen schälen und durch eine Knoblauchpresse geben. Auf je 100 g Knoblauchmasse kommen 35 g Salz. Verrühren und in kleine Gläser füllen, wie im Text auf Seite 132 beschrieben.

Petersilie

Petersilie waschen, abtropfen und Stengel entfernen, kleinhacken und mit Salz verrühren (30 g Salz auf 100 g Petersilie). Ziehen lassen, bis sich Saft bildet. Anschließend in Gläser füllen, wie das im Text beschrieben wird.

Kräuter in Essig und Öl einlegen

Auf der Bühne eines regen Küchengeschehens dürfen bestimmte Requisiten einfach nicht fehlen. Ganz unverzichtbar sind hier, meinem Geschmack nach zu urteilen, diverse Kräuteröle und Kräuteressige. Sie bringen Würze, Leben, ja die eigentliche Raffinesse in unsere Eintöpfe, Salate und Soßen. Am wenigsten aufwendig ist es, die frischen, gesäuberten, trockenen und eventuell kleingeschnittenen Kräuter in die Flüssigkeit einzulegen und einige Wochen darin zu belassen. Dabei schütteln wir den Inhalt öfter um. Nach dieser Zeit werden die Kräuter abgeseiht, sie haben ihr Aroma an die Flüssigkeit abgegeben. Schön anzusehen ist es überdies, wenn Sie ganze Stengel Kräuter einlegen und diese in den Flaschen lassen.

Wir haben unseren Kräuteressig meist heiß hergestellt. Dazu werden die Kräuter in den Essig gelegt und langsam zum Kochen gebracht. Nach einer Kochzeit von höchstens einer Minute wird der Topf vom Herd genommen und noch drei Stunden stehengelassen. Nun wird abgeseiht und in Flaschen gefüllt. Als Verschlüsse für die Flaschen sind Natur- oder Glaskorken bestens geeignet. Schraubdeckel sind zumindest für Essig problematisch, weil die Säure das Material angreift.

Links: Es ist ganz einfach, Essig und Öl mit Kräutern zu aromatisieren.

Unten: Anfangs stellt man die angesetzten Öl- und Essiggefäße 15 bis 25 Tage (siehe Rezepte) ans Licht.

Gewürzessig

200 g frische gemischte Kräuter zusammen mit einigen Nelken, Pfeffer- und Pimentkörnern sowie einem Lorbeerblatt und einer Knoblauchzehe in eine Flasche geben. Mit einem Liter Weinessig aufgießen, drei Wochen ziehen lassen, abseihen und in Flaschen füllen.

In meiner Küche verwende ich stets kaltgepreßte Öle, der Gesundheit wegen. Sonnenblumenöl und Olivenöl bevorzuge ich dabei.

Estragon-Essig

Eine Flasche halb mit kleingeschnittenen Estragonblättern füllen, mit Weinessig auffüllen, vier Wochen ziehen lassen, durch ein Tuch abseihen und in Flaschen mit Korken füllen. Genauso verfahren wir mit Thymian, Majoran und anderen.

Sellerie-Essig

Eine Flasche halb mit kleingeschnittenen Sellerieknollen und -blättern füllen, mit Weinessig aufgießen. 14 Tage ziehen lassen und durch ein Tuch abseihen. In Flaschen füllen und diese verkorken. Paßt zu Geflügelsalat.

Knoblauchöl

Eine Flasche zu einem Drittel mit kleingeschnittenem Knoblauch füllen, mit Öl aufgießen und vier Wochen ziehen lassen. Durch ein Tuch abseihen und in Flaschen füllen.

Basilikumöl

Drei Handvoll frische Basilikumblätter in eine große Flasche geben, mit einem Liter Öl aufgießen und zwei Wochen warm ziehen lassen, zum Beispiel auf einer sonnigen Fensterbank, dabei hin und wieder umschütteln. Abseihen und in Flaschen abfüllen.

Thymianöl

200 g frische Thymianblätter mit einem Liter Öl aufgießen. Zwei Wochen ziehen lassen, abseihen und in Flaschen füllen. Das Öl kann sowohl für Salat als auch als Badezusatz bei Erkältungen verwendet werden.

Wenn ich Öl oder Essig aromatisiere, nehme ich meist frische Kräuter, mit getrockneten geht es allerdings auch.

Einfrieren

Das Einfrieren hat gegenüber den anderen Methoden unbestreitbar den Vorteil, daß wir Geschmack und Aroma von Obst und Gemüse auf diese Weise weitgehend erhalten können. Bedauerlicherweise leidet die Konsistenz häufig: Zartknackiges wird weich, festes Gewebe hart oder faserig, Früchte werden matschig. Weil jeder Gebrauchsanweisung für Kühltruhen eine Übersicht für die Vorbereitung und Lagerdauer der verschiedenen Lebensmittel beiliegt, will ich mich damit nicht lange aufhalten, lediglich einige grundlegende Hinweise geben.

Ist das Sauerkraut fertig, können Sie sich die Arbeit ersparen, immer wieder Brettchen und Stein reinigen zu müssen. Das wäre nämlich bei jeder Entnahme, dem Verderben vorzubeugen, erforderlich. Frieren Sie das Sauerkraut portionsweise roh ein. Es hält sich etwa vier Monate, ohne faserig zu werden.

Obst können Sie roh einfrieren. Gemüse kochen Sie besser einige Minuten vor, es hält sich so länger. Roh eingefrorenes Gemüse sollten sie nicht länger als drei Monate lagern. Wählen Sie nur einwandfreies Obst und Gemüse, es soll nach der Ernte schnell in die Kühltruhe kommen. Bedenken Sie also bei der Erntemenge auch den Zeitaufwand für das Waschen, Schälen und anderes. Wenn Sie dem Waschwasser des Obstes Eiswürfel zugeben, bleibt dessen Geschmack besser erhalten. Obst klebt beim Einfrieren immer zusammen. Sofern Sie die Früchte einzeln haben wollen, müssen Sie

Wenn Sie Ihre Kräuter auf Holzbrettchen kleinschneiden, spülen Sie es vorher kurz mit Wasser ab, dann zieht der grüne Saft nicht ins Holz.

Notieren Sie sich, in welcher Reihe welches Kraut oder welche Mischung ist. Jede bekommt dann einen eigenen Beutel. Sind die Würfel durchgefroren, schnell vom Eiswürfelbehälter in die Tüte umfüllen, damit sie nicht antauen.

sie nach dem Waschen abtrocknen und auf einem Tablett oder ähnlichem ausgebreitet einige Stunden vorfrieren und dann erst in Behälter einfüllen. Für Gemüse gilt natürlich dasselbe. Wenn Sie Ihr Einfriergut auftauen, sollte das rasch geschehen. Früchte schmecken am besten, wenn sie gerade soeben aufgetaut sind. Gemüse können Sie noch in gefrorenem Zustand ins Kochwasser geben.

Ein Wort noch zu den Dosen und Beuteln. Es lohnt sich, dafür etwas mehr auszugeben. Das Material sollte bei den tiefen Temperaturen nicht spröde werden, sonst ist es schnell passiert, daß es rissig wird. Deckel müssen absolut dicht schließen, damit der Inhalt nicht „nach Kühltruhe" schmeckt.

Wenn zur Zeit der Obsternte nicht alles auf einmal verarbeitet werden kann, friere ich die Früchte in Portionen für je 2 kg Marmelade, also etwa 1 kg Früchte, ein. So kann ich das ganze Jahr über frische Marmelade kochen. Erdbeeren friere ich als Mus ein, denn ganze Früchte behalten zwar ihr Aroma, werden jedoch beim Auftauen matschig und leicht zäh. Das Mus rühre ich in Quark.

Tiefgefrorenes Erdbeermus schmeckt fast wie frisch durchs Sieb gestrichen.

Kartoffeln lassen sich gar nicht einfrieren, sie werden sofort ungenießbar faserig. Damit ich mir aber ab und zu einen schnellen Gemüseeintopf zubereiten kann, friere ich die Gemüsemischung ein. Im Falle der Zubereitung koche ich die Kartoffeln in reichlich Wasser oder Brühe und gebe das Gemüse nach der Hälfte der Kochzeit dazu. Kräuter behalten tiefgefroren ihr ganzes Aroma. Gute Erfahrungen habe ich hier mit Kräuterwürfeln gemacht: Die Kräuter werden zerkleinert, in Eiswürfelbehälter gedrückt, mit etwas Wasser übergossen und eingefroren. Die fertig gefrorenen Würfel können in Beutel gefüllt und nach Bedarf einzeln entnommen werden. Sie können so ihre eigenen Kräutermischungen für Suppen, Soßen und Salate herstellen. Und selbst Borretsch und Zitronenmelisse behalten tiefgefroren ihr Aroma und können für Mischungen genutzt werden.

Frische Vitamine im Winter

Rechts: Geschmackliche Abwechslung in meine Sprossensalate bringe ich durch meine selbsthergestellten Kräuteröle.

Als ich von der Idee hörte, Keimlinge aus verschiedenem Saatgut seien eine frische Köstlichkeit, habe ich die Idee begeistert aufgegriffen. So ziehe ich die leckeren Keimlinge heran: Teures Gerät brauchen Sie für den Anfang nicht. Ein paar weithalsige Gläser, gereinigte Gardinenreste und Gummiringe sind schon alles. Saatgut zum Keimen gibt es im Reformhaus und Naturkostladen, inzwischen auch in den entsprechenden Abteilungen des Supermarkts. Saatgut für den Garten ist manchmal chemisch behandelt und deshalb nicht zu empfehlen.

Füllen Sie, je nach Größe der Körner, ein bis zwei Eßlöffel Saat in die Gläser. Jede Sorte bekommt ihr eigenes Glas. Ein Stück Gardine, deren Löcher so klein sein müssen, daß auch die feinen Körner nicht durchfallen, wird mit dem Gummi straff über das Glas gespannt. Nun füllen Sie das Glas mit Wasser, schütteln etwas und gießen das Wasser wieder aus. Die Samen müssen jetzt feucht gehalten werden. Spülen Sie jeden Tag zweimal mit Wasser. So werden entstehende Gase und Schleimstoffe entfernt. Die Gläser dürfen keine direkte Sonne bekommen. Ob Sie die Gläser hell oder dunkel stellen, hat Auswirkungen auf den Geschmack, Sie müssen es eben ausprobieren. Im Dunkeln werden die Keimlinge jedenfalls gewöhnlich länger und milder.

Jetzt, wo Keime und Sprossen fester Bestandteil meiner Winterküche geworden sind, habe ich mir zu Weihnachten diesen schönen Keimapparat aus Ton schenken lassen.

Je nach Sorte dauert es fünf bis sieben Tage (Zimmertemperatur), dann ist Erntezeit. Verspeisen Sie die Sprossen, sobald die ersten Blätter gerade zu sprießen beginnen, das ist der Augenblick mit dem größten Wohlgeschmack. Sie können die Sprossen und Keime auf Brot streuen, gemischt als Salat oder als Zugabe zur Suppe (in der Regel nicht mitkochen) verwenden. Achtung: einige Sprossen müssen vor dem Verzehr gekocht werden, z. B. die von Sojabohnen. Ein Butterbrot mit diesem frischen Grün, ein wenig gesalzen, ist schon eine ganz erquickliche Köstlichkeit. Fertige Sprossen und Keime können Sie, gut abgetropft und locker in zugedeckte Gläser gefüllt, für zwei bis drei Tage im Kühlschrank aufbewahren. Vor dem Verzehr sollten sie noch einmal abgespült werden.

Frisch gekeimter Weizen schmeckt nicht nur lecker, sondern ist auch besonders wertvoll für die Ernährung.

Weizen ist für die Herstellung von Sprossen sehr geeignet, außerdem z. B. Alfafa, Linsen und Senf.

Im Winter habe ich immer frische Kräuter im Topf auf der Fensterbank, etliche stehen im Treppenhaus.

Wir haben früher im Winter immer einige Kräuter auf der Fensterbank gezogen. Schnittlauch und Petersilie holten wir uns aus dem Garten. Aber nur ausgraben und in den Topf gestellt, reicht nicht aus. Schnittlauch ist zunächst auf einen Kälteschock angewiesen, bevor er wieder austreibt. Graben Sie im November ein paar Ballen Schnittlauch aus, schütteln die Erde ab und lassen Sie ihn solange liegen, bis er einmal durchgefroren ist. Danach kommt er ins Haus und bekommt ein Bad in anfänglich gut 40 °C warmem Wasser. Dort verbringt er einen halben Tag. Darauf werden seine Wurzeln eingekürzt, gelbes Laub entfernt, und jetzt können wir ihn eintopfen und müssen ihn nun ausreichend feuchthalten. Frische Petersilie erhalten Sie aus eingetopfter, eventuell eingekürzter Wurzelpetersilie. Die Blätter sind zwar nicht so würzig, wie die der Blattpetersilie, Wurzelpetersilie kommt aber zuverlässiger. Einige weitere Kräuter können Sie im Winter auf der Fensterbank aus Samen anziehen. Erfolgversprechend sind Basilikum, Majoran, Kerbel, Bohnenkraut, Borretsch und Dill. Die geeignete Erde besteht aus einem feinen Kompost-Sand-Gemisch, womit Sie ein paar Töpfe befüllen. Die Töpfe müssen hell, aber ohne direkte Sonne stehen.

Auf frische Kresse mußten auch wir zu keiner Zeit verzichten. Die Samen brauchen Sie nur auf ein feuchtes Tuch zu streuen. Legen Sie das Tuch auf einen Teller und feuchten Sie täglich nach. Nach spätestens einer Woche stehen die ersten grünen Blätter erntereif und zum Verzehr bereit.

Die Chicorée-Treiberei

Bei Wurzeln unter 3 cm Durchmesser lohnt sich die Treiberei nicht. Lagern Sie Wurzeln bis zum Treiben möglichst kühl. Chicoréewurzeln dürfen nicht in Sand eingeschlagen werden. Sie würden dort sofort mit dem Austrieb beginnen. Legen Sie die Wurzeln flach in Kisten und befeuchten Sie sie ab und zu sparsam. Da die Sprossen vier bis sechs Wochen benötigen, bis sie fertig sind, können Sie im Abstand von zwei Wochen jeweils einen 10-Liter-Eimer mit Wurzeln aufstellen. Reinigen Sie die Wurzeln gründlich. Ich wasche und bürste sie immer, denn sonst treten oft Blattläuse in den Sprossen auf. Die Wurzeln werden auf $^2/_3$ der Eimerhöhe gekürzt. Füllen Sie unten einige Zentimeter Erde ein. Darauf werden die Wurzeln senkrecht gestellt, dann wird mit Erde weiter angefüllt. Als Erde ist feiner Rindenmulch oder ein Kompost-Sand-Gemisch die richtige Wahl. Über der Wurzel soll noch wenigstens 10 cm Erde liegen, damit die Triebe appetitlich hell und geschlossen bleiben. Denn die Erde gibt den Trieben Widerstand, die Blätter fallen nicht auseinander, und sie sorgt für die nötige Dunkelheit. Heute sind auch Sorten erhältlich, die nicht mit Erde bedeckt werden müssen. Das ist auf der Samentüte mit „Treiberei ohne Deckerde" oder ähnlich vermerkt. Bei diesen Sorten können Sie zum Abdunkeln einen zweiten Eimer über den Treibeimer stellen.

Ganz links: Ab Ende Oktober Chicoréepflanzen mit Wurzel ausgraben und an geschütztem Platz im Freien abtrocknen lassen. Links: Das Laub wird dann 3 bis 5 cm über dem Wurzelhals abgeschnitten.

Rechts: Wurzeln in einen Eimer stellen, dessen Boden Löcher hat und mit Erde bedeckt ist. Dann mit Erde auffüllen und mit einem zweiten Eimer abdecken. Falls die Erde trocken wird, gieße ich nur von unten über den Untersetzer (ganz rechts).

Most nach Landesbrauch

Ganz rechts: Als Kind habe ich meinen Großvater nie verstanden – wieso durfte ich den Saft trinken, wenn er allerdings einige Zeit gestanden hatte, nicht mehr.

Wie Sie zu richtigem „Most nach Landesbrauch" kommen können, davon soll jetzt die Rede sein. Most dieser Provenienz ist ein leicht alkoholischer Trunk mit anregend prickelnder Kohlensäure darin. Er wird aus Äpfeln oder Birnen oder einer Mischung aus beidem hergestellt. Verwenden Sie zu seiner Herstellung nach Möglichkeit süße Sorten. Saft für Most wird am besten gepreßt. Sie können die Äpfel aber auch mit fast kochendem Wasser übergießen und dann in ein Tuch geben (siehe Seite 126). An Geräten benötigen Sie einen Weinballon mit Gärverschluß. Dieser sorgt dafür, daß Kohlensäure raus, jedoch keinerlei Luft rein gelangt.

Das Rezept für 20 Liter: Sie benötigen zwei bis drei Zentner Äpfel, bei sauren Sorten ein Drittel Birnen zugeben, um 20 Liter Saft zu erhalten. Geben Sie zu dem Saft einen Eßlöffel Weinstein (können Sie in der Apotheke oder Drogerie besorgen), und füllen Sie das Gärgefäß nicht höher als bis zu vier Fünftel. Mehr darf nicht hinein, sonst würde es uns bei der Gärung überlaufen. Setzen Sie den Gärverschluß auf und bitte achten Sie stets darauf, daß sich genügend Wasser im Verschluß befindet.

In den ersten zwei Wochen wird eine recht heftige Geräuschentwicklung einsetzen, es „blubbert" lustig drauflos. Hat sich die Gärung erst einmal beruhigt, kommt ein Korken auf den Ballon. Nach weiteren vier Wochen ist der Most trinkfertig. Wenn es abzusehen ist, daß er rasch aufgebraucht sein wird, darf er im Ballon bleiben. Ansonsten füllen Sie ihn in Flaschen und verkorken diese fest. Schütteln Sie den Mostbehälter nicht. Wenn Sie ihn vorsichtig ausgießen, bleibt der Bodensatz drin.

Es freut mich immer besonders, wenn der erste Most im Jahr trinkfertig ist.

Ein anderes prickelndes Getränk ist der Holundersekt. Er wird aus Holunderblüten zubereitet – ja freilich, eine recht aufregende frühsommerliche Erfrischung! Hier das Rezept für fünf Liter: Nehmen Sie fünf bis sechs schöne Blütendolden, und geben Sie diese in einen Weinballon. Darüber gießen Sie fünf Liter abgekochtes und abgekühltes Wasser, in dem gut ein Pfund Zucker gelöst wurde. Dazu kommt noch eine Tasse Weinessig und Schale sowie Saft von zwei kleinen oder einer großen unbehandelten Zitrone. Binden Sie ein Tuch über die Öffnung und lassen den Ballon zehn Tage warm (mindestens 18 °C) stehen. Danach wird durch ein Tuch geseiht und alles in saubere Flaschen mit Gummikappen gefüllt. Nach zwei bis drei Wochen kühler Lagerung müßte der Holundersekt fertig sein. Er wird nicht jedes Jahr gleich gute Qualitäten aufweisen, aber bestimmt immer vergnügliche Sommerfrische spenden.

Früchte und Kräuter in Alkohol

Einige alkoholische Delikatessen dürften sicher auch heutzutage schwärmerischen Anklang finden. Im Frühjahr schon, kurz nach der Birnenblüte, wählten wir besonders wohlgestaltete Fruchtansätze an sonnig gelegenen Zweigen für unsere Flaschenbirnen aus. Wir stülpten eine dickbauchige Flasche über die Frucht und befestigten sie gut am Baum. Auf daß mit zunehmender Schwere nicht alles vorzeitig herunterfiel, wurde die Flasche noch an einem weiteren Ast befestigt. Es gelang uns zwar nicht für alle Früchte, gesundes Wachstum zu sichern, manche lösten sich, oder sie wurden in feuchten Jahren krank. Aber eine gewisse Anzahl blieb immer übrig. Besonders schön sind die gelben Sorten wie 'Williams Christ', 'Butterbirnen' oder die leicht rötliche 'Gute Luise'.

Wer es ausprobieren möchte, der muß dann bei der Ernte noch etwas Vorsicht und Geschicklichkeit walten lassen, damit die Frucht ohne Druckstellen in die Flasche rutscht. Anschließend wird die Flasche mit Birne gründlich gespült und mit Birnenschnaps aufgefüllt. Wem gelegentlich der Sinn nach Obstlern oder ähnlichen alkoholischen Spezialitäten steht, bei dem dürften wir mit solch einer Flaschen-Birne aus eigener Produktion bestimmt Begeisterung auslösen.

„Wie kommt die Birne in die Flasche?", das werde ich oft gefragt. Das funktioniert, wenn die kleine Birne in der Flasche wächst, das Gefäß also einen Sommer am Baum verbracht hat.

Frisch angesetzter Himbeerschnaps

Die Aufgesetzten

Auf die Herstellung sehr leckerer, phantastisch fruchtiger Schnäpse verstanden wir uns damals schon, zweifellos. Die mit Doppelkorn hergestellten, nannten wir Aufgesetzte. Die fruchtige Grundlage bestand aus schwarzen Johannisbeeren oder anderen aromatischen Beeren. Kostbarer waren die Auszüge mit Cognac oder Branntwein, sie hießen Ratafia. Sie waren selbst mit weniger aromatischen Früchten wie der Erdbeere noch ganz köstlich. Das Prinzip der Zubereitung ist immer dasselbe: Früchte und Alkohol werden mit Zuckerzusatz zusammen in eine Flasche gefüllt. Je höher Alkoholgehalt und Zuckerzusatz sind, desto länger wird der Schnaps haltbar sein. Ohne umzuschütteln, wird die Mischung drei bis vier Wochen stehengelassen. Fruchtaroma und -farbe gehen in den Alkohol über. Nach der Wartefrist alles durch ein Tuch geben und in saubere Flaschen füllen.

Aprikosenratafia

300 g entkernte Aprikosen und einige Kerne in eine große Flasche füllen, 100 g Zucker zugeben und mit einer Flasche Weinbrand auffüllen.
Vier bis sechs Wochen ziehen lassen, dabei hin und wieder umschütteln. Anschließend abseihen und in schöne Flaschen füllen.
Dieses Rezept schmeckt ebenfalls mit Sauerkirschen, Himbeeren und Erdbeeren.
Haben Sie Geduld mit dieser Köstlichkeit, je länger die Ratafia, möglichst warm, lagert (ganz Geduldige heben sie bis zu drei Jahren auf), desto besser schmeckt sie.

Himbeerschnaps

250 g Himbeeren und 250 g weißen Kandis in eine große Flasche füllen, mit einer Flasche Korn aufgießen und vier Wochen ruhen lassen.
Durch ein Tuch abseihen und in Flaschen füllen.
Genauso können Sie mit Brombeeren und Johannisbeeren verfahren.

Schlehenlikör

Gut ein Pfund Schlehen waschen und jede Frucht einige Male einstechen, zusammen mit 150 g Zucker in eine große Flasche füllen, mit einer Flasche Gin aufgießen und für zehn Wochen an einen dunklen Ort stellen. Dabei hin und wieder umschütteln

Johannisbeerkorn

Je 200 g rote und schwarze Johannisbeeren waschen, gut abtropfen lassen und von den Rispen streifen. Beeren mit zwei bis vier Teelöffeln Zucker in saubere Flasche füllen und mit 1 l Korn (38 %iger) übergießen. Flasche verschließen und vier bis sechs Wochen stehen lassen. Dann durch Tuch filtern und in saubere Flaschen füllen. Gut verschließen und bis zum Verbrauch noch vier bis sechs Monate stehen lassen.

Kräuterwein und Kräutergeist

Zur Stärkung, zur besseren Verdauung und gelegentlich einfach für das allgemeine Wohlbefinden hatten wir immer eine Reihe Flaschen Kräuterwein und -geist im Vorratskeller stehen. Es durfte nur streng nach Vorschrift davon getrunken werden, morgens oder abends, vor oder nach dem Essen. Manchmal nur eins, manchmal sogar drei Gläschen am Tag. Nicht zuletzt ist dies eine Frage der Rezeptur. Das Verfahren ist das gleiche wie beim Kräuteressig, aber manche Auszüge werden nur ein bis drei Tage stehengelassen. Für Kräuterweine sind trockene Weißweine vorzuziehen; mit einem schlichten ehrlichen Tafelwein sind wir mitunter schon vorzüglich bedient. Ein guter Kräutergeist bereitet auch kein größeres Kopfzerbrechen, er wird aus etwa 40 %igem Korn oder Obstwässern hergestellt.

Rosmarinwein

Drei Eßlöffel frische, kleingeschnittene Rosmarinblätter in eine große Flasche geben, mit einer Flasche Weißwein aufgießen, ein bis zwei Tage ziehen lassen und abseihen. Der Wein wirkt allgemein anregend bei Erschöpfung, und man trinkt ein Glas über den Tag verteilt.

Minzengeist

30 frische Pfefferminzblätter in eine große Flasche füllen, mit einer Flasche Korn aufgießen und fünf Tage warm stellen, etwa auf einer sonnigen Fensterbank. Nochmal drei Tage kühl ruhen lassen, abseihen und in Flaschen füllen. Innerlich als Verdauungstrunk und äußerlich bei Kopfschmerzen anwenden.

Waldmeisterwein

Dieser Wein kann als Grundstoff für Bowle verwendet werden. Ein bis zwei Handvoll frischen Waldmeister waschen, gut abtropfen und 1 bis 2 Tage warm legen, bis die Blätter welken, Waldmeister in eine große Flasche füllen und mit einer Flasche trockenem Weißwein übergießen, 4 bis 6 Tage warm aufstellen und täglich umschütteln, abseihen und in Flaschen füllen. Waldmeisteraroma ist in größeren Mengen gesundheitsschädlich.

Schwedenkräuter

Kräutermischung für Schwedenkräuter erhalten Sie in der Apotheke, einmal mit und einmal ohne Kampfer.
Die Kräuter in eine große Flasche füllen und mit einer Flasche Korn auffüllen, 14 Tage auf einer sonnigen Fensterbank ziehen lassen, abseihen und in Flaschen füllen.
Schwedenkräuter sind wohltuend nach schwerem Essen und können auch äußerlich als Umschlag bei Muskelschmerzen angewendet werden.

Frisch angesetzter Minzengeist

Der Rumtopf macht Spaß – von der ersten eingelegten bis zur letzten wieder herausgefischten Frucht.

Geliebter Rumtopf

Traditionell wird der Rumtopf im Steingutgefäß angerichtet. Günstig ist ein Durchmesser, der es erlaubt, einen Teller hineinzulegen. Gönnen Sie sich und Ihrem Rumtopf allerfeinste Zutaten. Sparen Sie auch nicht an der Rum-Qualität (am besten 54%igen), und suchen Sie nur völlig einwandfreies Obst aus. Zucker kommt im Verhältnis 1:1 mit den Früchten in den Topf. Weniger Zucker ist dann zwar weniger süß, was vielleicht wünschenswert ist, nur beeinträchtigt das die Haltbarkeit. Die Früchte kommen nach und nach in den Topf. Ebenso der Zucker und der Rum. Die Früchte sollen durchgehend mit Rum bedeckt sein und können eventuell mit einem Teller unter der Oberfläche gehalten werden, oben schwimmende Früchte schimmeln leicht. Nun lassen Sie den Rumtopf an einem kühlen Ort ohne Sonnenbestrahlung ziehen.

Die Zubereitung des Rumtopfes zieht sich den gesamten Sommer hindurch. Zuerst kommen die Erdbeeren, darauf folgen ganze Sauerkirschen. Die nächste Schicht besteht aus abgezogenen, halbierten und entkernten Aprikosen oder Pfirsichen, im August/September folgen die genauso vorbereiteten Mirabellen und Renekloden. Den Abschluß bilden geschälte und kleingeschnittene Birnen. Ab und zu müssen Sie umrühren (nicht mit Holz, wegen möglicher Bakterien) oder, wenn die Schichten so bleiben sollen, den Topf durchrütteln. Vier Wochen nach den letzten Früchten kommt noch einmal eine halbe Flasche Rum darüber, und dann heißt es, sich bis Advent gedulden. Schauen Sie aber wenigstens einmal wöchentlich nach Ihrem Rumtopf, ob Früchte an der Oberfläche schwimmen, Schimmel oder Gärung entstehen. Beginnende Gärung (einige aufsteigende Bläschen) kann mit Zugabe von hochprozentigem Rum gestoppt werden. Hat sich bereits Schaum gebildet oder riecht es schon richtig vergoren, können Sie sich noch schnell an ihm gütlich tun, wenn Sie alles einmal aufkochen. Nur würde er nach so einem Eingriff nicht mehr ganz so hinreißend munden. Wer ein wenig für Traditionspflege übrig hat, wird seinen Rumtopf am 1. Advent einweihen. Die Früchte können pur, zu Eis, mit Sahne oder Kuchen gegessen werden.

Früchte in Alkohol einlegen

Ungemischte Früchte lege ich gleichfalls gerne in Alkohol ein. Abhängig vom jeweiligen Fruchtaroma gebe ich Korn, Weinbrand oder bereits fertiggestellten Obstwässern den Vorzug. Früher haben wir eine Mischung aus Weingeist und Wasser oder Obstsaft zubereitet, so daß wir darin am Ende etwa 40 % Alkohol hatten. Heute erhalten wir Weingeist eigentlich nur noch zu Desinfektionszwecken.

Ostfriesische Bohnensuppe

Füllen Sie kleine bis mittelgroße Gläser zu zwei Dritteln mit Rosinen. Pro 100 g Rosinen je nach Geschmack bis zu einem Eßlöffel Zucker dazugeben, am besten braunen Kandis, Gläser mit Rum aufgießen und verschließen. Drei Wochen ziehen lassen und dabei gelegentlich umschütteln.
Die Gläser bleiben bis zum Verzehr geschlossen, die Rosinen gewinnen mit der Zeit noch an Geschmack.

Quitten in Whisky

Quitten abreiben, schälen, vierteln und entkernen. Viertel in dünne Scheiben schneiden und pro Pfund Quittenfleisch 300 g Zucker mit einer Tasse Wasser, einem Eßlöffel Zitronensaft, Zitronenschale zum Kochen bringen. Quitten in die kochende Flüssigkeit geben und 5 Minuten kochen, 1 Eßlöffel Rosinen zugeben, nochmals fünf Minuten kochen, abkühlen lassen, in ein weithalsiges Glas füllen und mit Whisky bedecken. Vorsichtig umrühren. Glas verschließen und drei Wochen ziehen lassen. Statt Whisky können Sie Calvados nehmen.

Pfirsich in weißem Rum

Pfirsiche überbrühen, schälen und in Gläser füllen, dabei einige Eßlöffel Zucker dazwischenstreuen, mit Rum aufgießen. Vier Wochen ziehen lassen, dabei ab und zu die Gläser rütteln. Pfirsiche schmecken auch gut mit Obstwasser.

Eine leckere Spezialität: Pfirsiche werden geschält und in ein Glas in weißem Rum eingelegt (Rezept links unten).

Bezugsquellen

Die nachfolgende Aufzählung erhebt keinen Anspruch auf Vollständigkeit.

Baumschulen/Obstgehölze

Obstgehölze erhalten Sie in Baumschulen. Ihre nächstgelegene Qualitätsbaumschule nennt Ihnen der jeweilige Baumschulenverband. Für Deutschland, Österreich und die Schweiz erreichen Sie den jeweiligen Verband unter der entsprechenden Anschrift:

Bund Deutscher Baumschulen e.V.
Bismarckstr. 49
D-25421 Pinneberg

Bundesfachsektion Baumschule
Draschestraße 13–19
A-1232 Wien-Inzersdorf

Verband Schweizerischer Baumschulen
Zürcherstr. 17
CH-5200 Windisch

Informationen über Streuobst und alte Obstsorten

Bundesarbeitsgruppe Streuobst des Naturschutzbundes
Naturschutzbund Deutschland e.V.
Außenstelle Berlin
Lohmühlenstraße 65
D-12435 Berlin

Pomologen-Verein e.V.
Meierkamp 1
D-49406 Eydelstedt-Gothel

Informationen zu alten Gartenpflanzen

Deutschland

Verein zur Erhaltung der Nutzpflanzenvielfalt (VEN)
c/o Ludwig Watschong
Ahornweg 6
D-34399 Arenborn

Schweiz

Pro Specie Rara
Schneebergstraße 17
CH-9000 St. Gallen

Einige Versandgärtnereien

Deutschland

Bakker
Kremerbergweg 1
Postfach 11 80
D-22926 Ahrensburg

Gärtner Pötschke
Postfach 20 22 20
D-41553 Kaarst

Willemse
Bahnhofstraße 6–12
D-47559 Kranenburg

Natur & Garten
Riesenbecker Str. 12
D-48369 Saerbeck

Ahrens & Sieberz
Großversandgärtnerei
D-53721 Siegburg-Seligenthal

Dehner GmbH & Co. KG
Postfach 8 66 40
D-86641 Rain am Lech

Garten Quelle
D-90750 Fürth

N. L. Chrestensen
Postfach 1000
D-99001 Erfurt/Thüringen

Österreich

Arjobas
Piesing 17
A-4682 Geboltskirchen

Schweiz

Samen Mauser
Zürichstraße 98
CH-8600 Dübendorf

Wild- und andere Kräuter

Peter & Monika Klock
Postfach 52 06 04
D-22596 Hamburg

Blauetikett Bornträger GmbH
Postfach 30
D-67591 Offstein

Dieter Köhler
Rainerstraße 4
D-83104 Tuntenhausen

Daniel Rühlemann
Am Himpberg 32
D-27367 Sottrum-Stuckenborstel

Egmont Wolff
Hauptstraße 19
D-74541 Vellberg-Großaltdorf

Einkochgläser und Einkochgeräte

J. Weck GmbH & Co
Weckstraße
D-79664 Wehr

Dörrgeräte

Aktive Gesundheit
Seelingstraße 32
D-14059 Berlin

Keller GmbH
Konradstraße 17
D-79100 Freiburg

Gärtöpfe

B. Erning & Söhne
Eschstraße 31
D-48703 Stadtlohn

Keimbehälter

Unnauer Keramische Werkstätten
Neuer Weg 14
D-57648 Unnau

Markus Bihler
Brühlgasse 6
D-78253 Eigeltingen-Honstetten

Obstmühlen und -pressen, Weinballons

Vierka
Postfach 21 25
D-73750 Ostfildern

Paul Arauner
Postfach 3 49
D-97306 Kitzingen

Register

Halbfette Seitenzahlen verweisen auf Abbildungen.

Mit 233 Fotos von

Ursel Borstell, Essen: 8/9, 10 beide, 11, 12 l. beide, 17 o., 18/19, 21 u., 22, 23 o., 26/27, 34 u., 35 o. l., 36 r. u., 40 o. l., 40 u. r., 43 l., 47 u. r., 49 u. l., 54/55, 60 l. o., 66 l. u., 78 r., 79 u.;
Christl Eberle, Meersburg: 56 beide, 62 beide, 65 r. u., 68 alle, 69 beide, 71 r., 72 M. u., 72 r. u., 73, 74 l.;
Roland Krieg, Waldkirch: 82 o., 87 u., 95 o., 100 o., 102 l. beide, 103 o., 105, 108 l. o., 110 o., 112 beide, 116, 117 beide, 119 beide, 120 u. l., 121, 122, 126 beide, 128, 129, 131 beide, 136/137, 138, 139 r. u., 141 beide;
Hans E. Laux, Biberach an der Riß: 12 r., 25 u. r., 31 o. l., 32 l., 37, 38/39, 40 l. u., 44 o., 46 beide, 47 u. l., 48 o. r., 51 beide, 53 beide, 64 beide, 77 l., 120 l. o.;
Reinhard Tierfoto, Heiligenkreuzsteinach-Eiterbach: 1, 4, 13 o., 21 o., 21 M., 25 o. beide, 25 r. M., 28 o. l., 28 u., 29, 31 r. o., 31 r. M., 35 r. M., 36 l. o., 42 u., 45 (groß), 48 o. l., 58 l. o., 58/59, 60 l. u., 61 l. o., 63, 65 o., 66 Großbild, 70 beide, 72 l., 74 u. r., 75, 76, 77 r., 78 o., 80/81, 91, 100 l. beide, 101 u., 102 o., 103 u., 104 r. o., 104 l. o., 134/135, 146/147, 147;
Ralf Roppelt, Sahara-Werbeagentur, Stuttgart: 30, 32/33, 92 l., 93, 94, 96/97, 97, 101 o., 107, 148, 149;
Bildarchiv Sammer, Neuenkirchen: 15 beide, 17 r., 58 l. u., 71 l. o., 86, 124, 133, 139 o. beide, 142, 150;
Annerose Schatter, Stuttgart: 2/3, 5, 6 l., 8 l., 13 u., 14 beide, 16 alle, 23 u., 24, 26 u. M., 34 l., 36 l. u., 38 l., 45 r., 49 r. beide, 52 o., 54 l., 57 beide, 61 r., 67, 79 o., 80 l., 82 l. u., 83, 85, 87 o., 90 beide, 92 r., 95 u., 99, 104 l. u., 106 beide, 108 u. beide, 109, 110 l., 111, 113, 118, 123, 125, 127, 130 beide, 132, 135 r., 140 beide, 144, 145, 151 beide;
Ulrike Schneiders, Breitbrunn: 6/7;
Peter Schönfelder, Pentling: 43 r.;
Karin Skogstad, München: 44 u.;
Friedrich Strauß, Au/Hallertau: 18 l., 20, 31 r. u., 35 r. u., 42 o., 50, 52 u.;
Robert M. Sulzberger, Freising: 28 r. o., 66 l. o.;
Robert M. Sulzberger/Kopp, Freising: 88 l.;
Fa. Weck, Einkochgläser und Einkochgeräte, Wehr: 114/115 alle
Die Gemüse zu den Fotos auf den Seiten 13 u., 24 u., 26 (klein) haben uns freundlicherweise Monika Feil und Marcus Arzt, Heimerdingen, geliefert.

Mit 38 farbigen Zeichnungen, alle von Marianne Golte-Bechtle, Stuttgart, außer:
Horst Lünser, Berlin: 64, 65, 143
Andrea Merz, München: 61, 63, 84, 88/89, 92/93, 94/95

Umschlaggestaltung von Atelier Reichert, Stuttgart, unter Verwendung von sechs Farbfotos von Bildarchiv Sammer (großes Foto auf der Vorderseite im Hintergrund), Neuenkirchen, Annerose Schatter (großes Foto auf der Vorderseite mit Frau Wanner sowie beide Rückseitenfotos), Stuttgart, Reinhard Tierfoto (kleines Foto auf der Vorderseite: rote Johannisbeere), Heiligenkreuzsteinach-Eiterbach, Robert M. Sulzberger (kleines Foto auf der Vorderseite: Brunnen), Freising

Die Deutsche Bibliothek – CIP-Einheitsaufnahme

Gutes aus Grossmutters Zeit: Gärtnern, Ernten, Einmachen/Ursula Wanner; Susanne Bruns. Unter Mitarb. von Kaspar Huche. – Stuttgart: Franckh-Kosmos, 1995
ISBN 3-440-07028-X
NE: Wanner, Ursula; Bruns, Susanne

ISBN 3-440-07028-X
Grundlayout von Atelier Reichert, Stuttgart
Scribble von Gisela Dürr, München
Lektorat: Angelika Throll-Keller
Herstellung: Heiderose Stetter
Printed in Italy/Imprimé en Italie
Satz: Steffen Hahn GmbH, Kornwestheim
Druck und buchbinderische Verarbeitung: Printer Trento S.r.l., Trento

Alle Angaben in diesem Buch sind sorgfältig geprüft und geben den neuesten Wissensstand bei der Veröffentlichung wieder. Da sich das Wissen aber laufend und in rascher Folge weiterentwickelt und vergrößert, muß jeder Anwender prüfen, ob die Angaben nicht durch neuere Erkenntnisse überholt sind. Dazu muß er zum Beispiel Beipackzettel zu Dünge-, Pflanzenschutz- bzw. Pflanzenpflegemitteln lesen und genau befolgen sowie Gebrauchsanweisungen und Gesetze beachten.